RENLI ZIYUAN GUANLI TANSUO YU SHIJIAN YANJIU

人力资源管理探索与实践研究

张建光　栗丽华　魏雪琴 ◎著

广东人民出版社

·广州·

图书在版编目（CIP）数据

人力资源管理探索与实践研究 / 张建光，栗丽华，魏雪琴著 . —广州：广东人民出版社，2023.10
ISBN 978-7-218-17007-7

Ⅰ . ①人… Ⅱ . ①张… ②栗… ③魏… Ⅲ . ①人力资源管理—研究 Ⅳ . ① F243

中国国家版本馆CIP数据核字（2023）第 191782 号

RENLI ZIYUAN GUANLI TANSUO YU SHIJIAN YANJIU

人力资源管理探索与实践研究

张建光　栗丽华　魏雪琴　著

版权所有　翻印必究

出 版 人：肖风华

责任编辑：周汉飞
装帧设计：博健文化

出版发行：广东人民出版社
地　　址：广州市越秀区大沙头四马路10号（邮政编码：510199）
电　　话：（020）85716809（总编室）
传　　真：（020）83289585
网　　址：http://www.gdpph.com
印　　刷：三河市宏达印刷有限公司
开　　本：787mm×1092mm　1/16
印　　张：11　字　数：247千
版　　次：2023年10月第1版
印　　次：2023年10月第1次印刷
定　　价：78.00元

如发现印装质量问题，影响阅读，请与出版社（020-85716849）联系调换。
售书热线：（020）87716172

前 言

现代社会，企业间的竞争归根结底表现为人才的竞争，人力资源是企业最宝贵的资源，人力资源管理的水平直接影响着企业的经济效益和社会效益。企业要想进一步提高自己的竞争力，就需要大量掌握现代人力资源管理技能的人才。人力资源管理是指通过科学有效的管理使员工的工作效率、创造力得到极大的提升，从而使员工为组织的发展做出更多贡献，创造更多的价值。

现代人力资源管理是指在经济学与人本思想指导下，通过招聘、甄选、培训、薪酬、奖罚等管理手段和形式对组织内外的相关人力资源进行有效运用，满足组织当前及未来发展的需要，保证组织目标实现与成员发展的最大化的一系列活动的总称。具体来说，就是预测组织人力资源需求并制订人力需求计划，招聘选择人员并进行有效组织，考核绩效、支付报酬并进行有效激励，结合组织与个人需要并进行有效开发，以此来实现最优组织绩效的全过程。

本书在简要介绍人力资源、人力资源管理的含义及职能、人力资源管理思想发展的基础上，详细阐述人力资源战略与规划，职位分析与职位评价，员工招聘、甄选与录用，员工培训与职业生涯管理，员工绩效管理与薪酬管理的相关内容；基于国际企业人力资源管理、人力资源管理外包、互联网时代的人力资源管理和大数据赋能人力资源管理不同方面探索人力资源管理的新发展，具有理论深厚、内容丰富、注重以人为本、强调管理的科学性与艺术性等特点。

本书在写作过程中，得到了许多专家、学者的帮助和指导，在此表示诚挚的谢意。由于笔者水平有限，加之时间仓促，书中所涉及的内容难免有疏漏之处，希望各位读者多提宝贵的意见，以便笔者进一步修改，使之更加完善。

目 录

第一章 人力资源管理的基础理论 ··· 1

 第一节 什么是人力资源 ··· 1

 第二节 人力资源管理的含义及职能 ··································· 4

 第三节 人力资源管理思想的发展 ···································· 10

第二章 人力资源战略与规划 ·· 17

 第一节 人力资源战略分析 ·· 17

 第二节 人力资源规划概述 ·· 22

 第三节 人力资源规划的编制 ·· 26

 第四节 人力资源规划的执行和调整 ·································· 39

第三章 职位分析与职位评价 ·· 42

 第一节 职位分析 ·· 42

 第二节 职位评价 ·· 45

第四章 员工招聘、甄选与录用 ·· 49

 第一节 员工招聘 ·· 49

 第二节 员工甄选 ·· 55

 第三节 员工录用与评估 ·· 60

第五章　员工培训与职业生涯管理　65

第一节　员工培训与开发概述　65

第二节　员工培训与开发的内容及形式　71

第三节　员工培训计划的实施　74

第四节　员工职业生涯规划与管理　79

第六章　员工绩效管理与薪酬管理　88

第一节　绩效管理及其过程　88

第二节　绩效考评的方法解读　101

第三节　薪酬管理及设计流程　106

第四节　员工福利管理　124

第七章　人力资源管理的新发展探微　129

第一节　国际企业人力资源管理　129

第二节　人力资源管理外包的实践　148

第三节　互联网时代的人力资源管理　158

第四节　大数据赋能人力资源管理　162

参考文献　167

第一章　人力资源管理的基础理论

第一节　什么是人力资源

一、资源与人力资源的定义

（一）资源的定义

资源是人类赖以生存的物质基础。从经济角度看，资源是指能给人们带来新的使用价值和价值的客观存在物，泛指社会财富的源泉。资源分为两大类：一类是自然界的物质，也就是自然资源，如阳光、空气、水、土地、森林、草原、矿藏等；另一类非常重要的资源，就是社会资源。社会资源包括人力资源、技术资源、信息资源等诸多类型。而在各种资源中，人力资源是一种非常具有特殊性的社会资源。人力资源表现为人的知识和体力。很明显，从从属关系来看，人力资源属于资源的范畴，是社会资源的一种表现形式。

从历史上看，在人力资源这一概念没有得到广泛运用之前，人们已经意识到了人在价值创造过程中所起到的独特作用，只不过在那些时候，人们常用的是劳动、劳动力或劳动力资源这样的概念。而在关于生产要素的讨论中，劳动一直都占据着非常重要的地位。从英国古典政治经济学的创始人威廉·配第[①]的"劳动是财富之父，土地是财富之母"两要素论开始，到法国政治经济学的创始人萨伊[②]提出的"土地、劳动、资本"三要素再到新古典学派的创始人及其主要代表阿尔弗雷德·马歇尔[③]的"土地、劳动、资本、企业家精神"四要素直到现在许多经济学家认为的"土地、劳动、资本、企业家精神、信息"五要素的说法，劳动即人的劳动能力始终是不可或缺的重要资源。从理论上讲，人力资源的概

---

① 威廉·配第（William Petty，1623—1687）是英国古典政治经济学之父，统计学创始人，最早的宏观经济学者。
② 让·巴蒂斯特·萨伊（Jean-Baptiste Say，1767—1832），法国经济学家，古典自由主义者。他是继亚当·斯密、李嘉图之后，古典经济学派兴起之后的又一个经济学伟人。
③ 阿尔弗雷德·马歇尔（Alfred Marshall，1842—1924）近代英国最著名的经济学家，新古典学派的创始人，剑桥大学经济学教授19世纪末和20世纪初英国经济学界最重要的人物。

念应当包括劳动、企业家、知识这三种生产要素在内，它是对劳动这种传统生产要素的一种扩充。从这一角度来理解，人力资源对于社会经济增长的贡献或在价值创造中所起的作用就不言而喻了。

（二）人力资源的定义

"人力资源"（human resource）这一概念是美国旧制度经济学家约翰·康芒斯[①]在1919年出版的《产业信誉》一书中首次提出的。在该书中，他确立了员工是组织的一种价值极高的资源的思想，其中包括明确使用"人力资源"这一概念。

人力资源的现代意义是由管理大师彼得·德鲁克[②]于1954年在其名著《管理的实践》中首次提出的。德鲁克明确指出，人力资源相对于其他资源的特殊优越性在于，人力资源具有其他资源所没有的一种特性，这就是协调、整合、判断以及想象的能力，而在其他方面，机器往往胜过人力。在《管理的实践》一书中，德鲁克还对人事管理职能的定位和作用进行了深入的阐述。正因为如此，学术界一般认为德鲁克可以被称为现代人力资源管理的奠基人。

然而，让人们真正意识到人力资源在经济发展乃至组织中的重要性的是20世纪60年代以后，美国经济学家西奥多·舒尔茨[③]的人力资本投资理论。人力资本投资理论将人力资源视为一切资源中最为重要的资源，第一次将人力资源对经济增长的贡献明确地提到了首要的地位，从而改变了传统经济学将人作为一种附属于资本的次要生产要素来看待的错误思想，可以称得上是一场思想革命。该理论重点强调了人所具有的智力、受过的教育与培训以及所掌握的工作经验等的重要性，因为这些特征是能够为社会和组织带来经济价值的，它加深了人们对于人力资源在社会以及组织中的重要性的认识，对宏观和微观的人力资源管理和开发具有极其重要的推动作用。从此，理论界和管理界对人力资源的关注就越来越多，从不同的角度，专家和学者们对人力资源进行了定义和阐释，有从数量角度的"人员观"，也有从能力角度的"能力观"。

综合考虑宏观和微观层面，本书认为，人力资源是指一个国家、经济体或者组织所能够开发和利用的人的劳动能力的总和。

---

① 约翰·康芒斯（John R.Commons，1862—1945）美国经济学家，制度学派早期代表人物。
② 彼得·德鲁克（Peter F.Drucker，1909—2005），现代管理学之父，其著作影响了数代追求创新以及最佳管理实践的学者和企业家们，各类商业管理课程也都深受彼得·德鲁克思想的影响。
③ 西奥多·舒尔茨(Theodore W. Schultz，1902—1998)，美国著名经济学家、芝加哥经济学派成员、芝加哥大学教授及经济系系主任（1946—1961年）；在经济发展方面做出了开创性研究，深入研究了发展中国家在发展经济中应特别考虑的问题，从而获得1979年诺贝尔经济学奖。

（三）人力资源相关的概念

与人力资源相关的概念还有人口资源、劳动力资源和人才资源。

人口资源是指一个国家或地区所拥有的人口的总量，是形成人力资源的自然基础。它表现为人口的数量。

劳动力资源是指一个国家或地区在"劳动年龄"范围之内有劳动能力的人口的总和，是指人口资源中拥有劳动能力并且进入法定劳动年龄的那部分，偏重劳动者的数量。

人才资源是指一个国家或地区具有较强的管理能力、研究能力、创造能力和专门技术能力，在价值创造的过程中起关键作用的那部分人。人才资源是人力资源的一部分。在数量上，人口资源是最多的，它是人力资源形成的数量基础。劳动力资源是人口中拥有劳动能力而且在法定"劳动年龄"范围的人，人才资源则侧重了人的质量。

二、人力资源的主要特征

人力资源是进行社会生产最基本最重要的资源，和其他资源相比，人力资源具有能动性、社会性、开发性以及时效性。

（一）人力资源的能动性

能动性是指人总是有目的、有计划地使用自己的智力和体力。这是人力资源与其他资源的本质不同。它是价值创造过程中最为主动的因素。作为人力资源的"人"具有很多独一无二的特质，但人力资源和其他资源最大的区别在于，人对于工作是有绝对自主权的，人的发展是无法依靠外力来完成的，人力资源发展代表的是个人的成长，而个人的成长往往必须从内在产生。所以，只有人本身，才能充分进行自我利用、发挥所长。正因为如此，激励问题在人力资源管理中才显得非常重要。

（二）人力资源的社会性

社会性是指人所具有的体力和智力明显受到时代和社会因素的影响，这与自然资源是不一样的。社会政治、经济和文化的不同，必将体现在人身上的不同。比如美国人和中国人在思想意识、价值观念上就会有很大的不同。所以不能将人力资源看成单纯的生产要素，而必须从人性的角度加深对人的理解，只有这样才能把握人的价值创造过程，妥善使用和开发人力资源，在满足人的经济需要的同时，满足人的各种社会需求。比如，通过工作的设计和组织方式调整以及授权、非物质激励等方式来激发员工的工作热情，就是通过满足员工的很多社会需求来实现人力资源对组织的更大价值。

（三）人力资源的可开发性

可开发性是指人力资源可以被发掘、培养的特征。人力资源不是一种既有的存量，知识、技能、能力和经验等人力资源的核心要素是可以不断积累和更新的。只有通过人力资本投资等手段不断提升人力资源内在人力资本含量，才能保持和增加人力资源的价值创造潜能。事实上，随着时间的流逝，人力资源的潜在价值或贡献能力也会发生变化，即过去价值较高的人力资源很可能会因为技术水平等的变化而出现贬值甚至失去价值的情况，而持续性的人力资源开发往往是保持人力资源时效性的重要方式。正因为如此，培训和开发成为现代人力资源管理中一个越来越重要的模块。

（四）人力资源的时效性

时效性是指人力资源在不同的时间点上具有很大的差异性。人力资源与时间紧密相关，人力资源必须加以使用才能创造价值，人力资源没有投入生产或价值创造过程中的那些时间是无法保存的，也不创造价值。它强调了在实践上充分利用人力资源的重要性。因此，从宏观经济的角度来讲，各国政府都在努力通过各种措施降低失业率，从而让人力资源尽可能地参与价值创造过程，而从微观角度来说，组织则想方设法让自己的员工尽可能充分利用工作时间来创造价值，而不是看着员工消极怠工或者因为工作的组织安排或管理方式不当，导致员工的工作时间白白浪费。从这个意义上讲，闲置的人力资源是一种巨大的浪费，它会"过期作废"。而对自然资源而言，只存在开发利用的程度问题而已。

第二节　人力资源管理的含义及职能

人力资源管理是现代企业管理中一个不可或缺的组成部分，它是企业一切经营活动的根本推动力，因此可以将激烈的市场竞争视为企业人才之间的竞争。人力资源的管理是否到位，将直接关系到企业在市场竞争中的生存与发展。

一、人力资源管理的含义理解

人力资源管理（Human Resources Management，HRM）就是运用现代化的管理手段，对组织中人力这一特殊资源进行获取、配置、开发和使用等一系列活动，目的是充分发挥员工潜力，调动员工的积极性，为企业创造价值，确保企业战略目标的实现。

（一）人力资源管理的目标分析

企业要在市场上获得竞争优势，很大程度上取决于其充分利用人力资源的能力。人力资源管理既要关注企业目标的实现，又要关注员工的全面发展，两者缺一不可。因此，人力资源管理的目标有以下几个方面：

1. 实现企业既定的目标

企业管理的目的是实现企业既定的目标。人力资源管理是企业管理的一部分，它从属于企业管理，因此，人力资源管理的目标也要以实现企业目标为前提，根据企业的目标来设定其目标，并且随着企业目标的改变而变化。

2. 提升员工的满意度

员工是人，有感情，有思想。要使员工保持生产能力，组织不应该只追求绩效的提升，更应该重视员工的满意度。满意的员工不会自动地提高生产效率，但不满意的员工更倾向于辞职、旷工，并且工作质量很低。让员工有满意的工作生活质量，可以提供高品质的服务，从而为企业创造更多绩效。

3. 发挥员工的主观能动性

人力资源的本质特征是具有主观能动性。全面有效地发挥员工的主观能动性，是企业实现组织目标和获取竞争优势的有效手段。在企业正常运作过程中，每一位员工对工作的态度和积极性存在较大的差异，而他们的态度和积极性往往受企业环境、自我发展空间、福利状况以及人际关系等因素所影响。因此，企业应尽力创造一个相对宽松的工作环境，使员工的主观能动性得以充分发挥，同时也为企业创造出更多的价值。

（二）人力资源管理的功能

现代人力资源管理的基本功能主要体现在五个方面：获取、维持、开发、整合、调整。

1. 获取功能

获取功能是人力资源管理的首要功能，也是其他功能得以实现的前提。只有获取了人力资源，组织才能对之进行开发与管理。获取功能就是以组织目标为依据，人力资源部门确定工作说明书，制订与组织目标相适应的人力资源需求与供给计划，并根据人力资源供需计划和职位分析结果开展员工的招聘工作。

2. 维持功能

维持功能是指让已经获取的员工留在组织中。员工是有感情、有思想的，为了使员工对组织产生认同感，可以通过提供合理的薪酬福利和创造良好的工作环境，留住组织的核心员工，保持员工有效工作的积极性，从而使员工安心和满意地工作。

3. 开发功能

开发功能是人力资源管理最重要的功能，人力资源的开发目的在于对组织内员工的素质与技能的培养和提高，使他们的潜力得以充分发挥，最大限度地实现个人价值。广义的人力资源开发包括人力资源数量和质量的开发，但一般而言，人力资源开发是指人力资源的质量开发，它主要包括开发计划的制订、培训和教育的投入与实施、员工职业生涯开发等。

4. 整合功能

整合功能是指员工了解和接受组织的宗旨与价值观，使员工之间和睦相处、协调共享、取得群体认同的过程，即通过组织文化、价值观和技能培训，提高员工与组织之间的凝聚力、能动地推动人与事的协调发展、实现人与人之间的互补增值以及关系的和谐。

5. 调整功能

调整功能是对员工实施合理、公平的动态管理的过程。组织可以通过绩效考核与绩效管理等活动发挥人力资源管理中的控制和调整功能，从而对组织的人力资源进行再配置，帮助员工提高工作效率，寻找与员工需要和能力相匹配的发展路径。调整功能包括：科学合理的员工绩效考评与素质评估，以考绩与评估结果为依据对员工进行动态管理，如晋升、调动、奖惩、离职、解雇等。

以上人力资源管理的五项基本功能是相辅相成、彼此互动的。获取是基础，它为其他功能的实现提供了条件；维持是保障，只有将人留在本组织中，开发和整合才会有稳定的对象；开发是手段，只有让员工掌握了一定的技能，整合的实现才会具备客观条件；调整是核心，是其他职能发挥作用的最终目的。

（三）人力资源管理的重要作用

企业间竞争的本质是人才的竞争，人才的差距从根本上决定着企业间的差距。随着经济的快速发展和全球化进程的不断加快，人力资源成为企业应对复杂市场环境的最主要力量。人力资源管理是根据企业目前的发展状况和未来的战略目标，有计划、有目的地开展工作。它不仅为企业的创新提供动力，还为企业的发展创造良好的工作氛围，因此，做好人力资源管理工作对企业的发展和利益都有着不可或缺的重要作用。

1. 有利于增强企业竞争力

人力资源是企业生存和发展的最根本要素。它是企业拥有的重要资源，也是企业的核心竞争力所在。人力资源管理的一个主要任务就是对企业员工的培训和开发，通过对员工的培训，不断提高员工的素质。企业的决策也越来越多地受到人力资源管理的约束，人力资源管理逐渐被纳入企业发展战略规划中，成为企业谋求发展壮大的核心因素，也是企业在市场竞争中立于不败之地的至关重要的因素。

2．有利于提高企业经济效益

企业经济效益是指企业在生产经营活动中的支出和所得之间的比较。减少劳动消耗的过程，就是提高经济效益的过程，因此，通过科学的人力资源管理，合理配置人力资源，有利于减少劳动损耗，控制人力资源成本，提高经济效益。

3．有利于提高员工的工作绩效

根据企业目标和员工个人状况，企业运用人力资源管理设法为员工创造一个适合他们工作的环境，使员工和工作岗位相匹配，为员工做好职业生涯设计，通过不断培训，做到量才使用，人尽其才，充分发挥个人的专长。正确评价每个员工所做的贡献，根据员工的贡献和需要进行有效的激励，营造和谐向上的工作氛围。在具体运作中实行员工岗位轮换制，通过轮换发现员工最适应的工作种类，确保企业组织结构和工作分工的合理性及灵活性，从而提高员工的工作绩效，全面提高企业工作效率。

4．有利于提高工作生活质量

工作生活质量是指企业中所有员工，通过与组织目标相适应的公开的交流渠道，有权影响决策，改善自己的工作，进而产生更多的参与感、更高的工作满意感和更少的精神压力的过程。人力资源管理的各项活动，包括人力资源规划、培训与开发、工作分析、安全与健康等，都会影响员工的工作生活质量。

5．有利于组织战略目标的实现

人是企业生存和发展的最根本要素。由于组织的管理目标是由人来制定、实施和控制，在工作过程中，管理者是通过员工的努力来实现工作目标的。人力资源管理能够创造灵活的组织体系，为员工充分发挥潜力提供必要的支持，让员工共同为企业服务，从而确保组织在经济环境下目标的实现。

二、人力资源管理的职能表现

人力资源管理的目标是通过人力资源规划、工作分析、人员招聘、绩效考核等一系列人力资源管理活动来实现的，这些管理活动是人力资源管理职能的具体表现。我们将其概括为以下八个方面：

（一）人力资源规划

人力资源规划是根据企业的总体战略目标和具体情况，利用科学的预测方法，预测企业一定时期内的人力资源需求和供给，并根据预测的结果制订出平衡供需的计划，最终实现企业人力资源的最佳配置。人力资源规划的重点在于对企业人力资源管理现状信息进行收集、分析和统计，依据这些数据和结果，结合企业战略制订未来人力资源工作的方案。

（二）职位分析与胜任力模型

职位分析包括两部分活动：一是根据企业的规模、结构等具体情况，对各职位所要从事的工作内容和承担的工作职责进行清晰的界定；二是确定出各职责所要求的职务资格，如知识、技能、能力、职业素质、工作经验及工作态度等。职位分析的结果一般体现为职位说明书。人员聘用的要求是人岗匹配，适岗适人。招聘合适的人才并把人才配置到合适的地方，才能算完成了一次有效的招聘。因此，职位分析是人力资源管理最基本的工具。胜任力模型是指为完成某项工作、达成某一目标所需要的一系列不同素质要求的组合。胜任力模型是通过对职位分析得到的职位规范的重要补充。

（三）员工招募与配置

企业的价值和竞争力是由那些掌握并应用知识的员工所创造的，因此，在企业的可持续发展中，对人力资源的吸收也成为企业发展的重要环节。根据人力资源规划和职位分析的要求，开展招聘与选拔、录用与配置等工作是人力资源管理的重要活动之一。企业通过招募吸引足够数量的候选人来申请企业空缺的职位，然后采用科学的方法对候选人进行评价，以选拔出最合适的人选。最后，对入选的人员，合理配置其岗位。招募与配置是相互影响、相互依赖的两个环节，只有招聘到合适的人员并进行合理配置，才能达到招聘的目的。

（四）培训与开发

对于新招聘的员工来说，要想尽快适应并胜任工作，除了自己努力学习外，还需要企业提供帮助。对于老员工来说，可以通过培训来调整和提高自己的技能，并帮助他们最大限度开发自己的潜能。对员工进行培训和开发，可以促进员工更好地提高工作效能，增强员工对组织的认同感和归属感，提高员工自身的责任感。员工的培训与开发过程包括建立培训体系，确定培训需求和计划，组织实施培训过程以及对培训结果的反馈等活动。另外，培训工作必须做到具有针对性，要考虑不同受训者群体的具体需求。

（五）员工职业生涯规划

员工职业生涯规划是指员工通过对自身情况和客观环境的分析，确定自己的职业目标，并为实现目标而制订的行动计划和行动方案。企业人力资源部门要善于把员工职业发展目标和企业的发展目标有效地结合起来，这是企业进行职业生涯规划管理的目的所在。通过对员工提供职业发展咨询来关注员工的职业定位，帮助员工制订个人职业发展计划，为员工提供一条可依循且充满成就感的职业发展道路，使企业和个人能够共同发展。员工职业生涯规划管理有利于提高企业人力资本的投资收益，有助于企业更好的发展。

（六）绩效管理

绩效管理是考评者根据既定的工作目标或者绩效标准，采用一定的考评办法，对员工的工作表现和工作成果等做出评价。企业通过绩效考评来衡量员工的工作绩效，并对考评的结果进行反馈和协调，对于绩效突出的员工给予物质或精神方面的奖励，对于表现差的员工给予批评甚至惩罚，最终达到激励员工的目的。同时，通过绩效考评，企业还能及时发现员工在工作中存在的问题，并加以改进。在进行绩效考评时，必须要保证考评结果的公平性和公正性。

（七）薪酬管理

薪酬管理是人力资源管理的重要组成部分，是推动企业战略目标实现的重要工具之一。薪酬包括工资、奖金和福利等，它是员工地位和成功与否的标志，同时也体现人力资源对公司所做的贡献。企业要从员工的需求出发，在保证内外部的公平性下，制定符合企业战略目标和发展计划的薪酬体系。这样的薪酬体系不仅能够帮助企业吸引和留住员工，还能影响企业员工的责任感和工作努力程度。当企业处于不同的发展阶段时，应及时调整企业的薪酬制度和激励措施，以保证企业人才的创造力。

（八）员工关系管理

当今社会，人才是企业最重要的资产。在人才竞争日益激烈的背景下，企业必须加强员工关系管理，构建和谐的员工关系。人力资源管理涉及劳动关系的各个方面，如劳动用工、劳动时间、劳动报酬、劳动保护、劳动争议等内容。员工关系管理就是对企业中的各主体依法确立劳动关系，建立劳动合同，合理处理劳动关系中发生的各种纠纷和争议，以确保员工在劳动过程中的安全与健康。对于员工来说，需要借助劳动合同来确保自己的利益得以实现，同时做到自己对企业应尽的义务。对于企业来说，需要借助劳动合同规范员工的行为，维护员工的基本利益。总之，员工关系管理的目的在于明确双方的权利和义务，并为企业建立一个良好的工作环境，最终实现企业和员工关系的和谐发展。

虽然人力资源管理的各个职能的侧重点不同，但是它们是一个不可分割的有机整体，只有每个环节都做到位，才能保证人力资源管理工作的正常运行。

第三节　人力资源管理思想的发展

正如历史发展规律所展示的一样，人力资源管理思想的发展也有其漫长的演化过程，虽然国内外的学者提出了按阶段划分的不同方式和不同形式，但是其历史发展的顺序是一致的，人力资源管理研究体系是在逐步完善的。本书认为，人力资源管理思想的发展大致经历了萌芽期、形成期、发展期三个阶段。

一、人力资源管理思想的萌芽期

（一）中国古代关于人力资源管理思想的研究

中华民族有着悠久的历史和辉煌的古代文化，在人性研究、人事管理方面有着非常丰富的经验，为日后的人事管理和人力资源管理提供了原理和依据。

1. 关于人性、欲望与行为的研究

（1）关于人性的研究。在《荀子·性恶》中，荀子认为："人之性恶，其善者伪也。""今人之性，饥而欲饱，寒而欲暖，劳而欲休，此人之情性也。"意思就是，人的本性是恶的，善是后天人为的。当下的人们，饿了就想吃饱，冷了就想暖和，累了就想休息，这些都是人的本性使然。孟子在《孟子·告子上》中指出："人之善也，如水之下也。"意思是说，人的性善，就如水往低处流一样，是非常自然的事情，是本性使然。《三字经》则认为："人之初，性本善，性相近，习相远，苟不教，性乃迁。"

（2）关于欲望的研究。荀子认为："人生而有欲。"即人生来就是有欲望的。管仲在《管子·牧民》中指出："仓廪实而知礼节；衣食足则知荣辱。"也就是说，衣食丰足了，人们就会懂得礼节和荣辱。更进一步讲，就是人们在满足了一定的需求后，就会产生更高层次的精神需求。这与马斯洛的需要层次理论是相似的。

（3）关于行为的研究。荀子认为，人之所以可以成为人，是"以又其辨也"，即人之所以为人，是因为人们有着自己的主观意识，可以支配自己的行为。韩非子认为："天有大命，人有大命。"其意思是，天有天的规律，人也有人自己的规律。孙武在《孙子兵法》中提出："人情之理，不可不察。"其意思是，对人情事理需要进行专门的研究。

综上所述，我们知道人是有善恶之争的，人是有欲望和主观能动性的，需要遵循一定的规律来管理。韩非子在《韩非子·南面》中指出："任理去欲，举事有道。"意思就是，要根据基本规律来满足人们的欲望，唯有如此，人们办事才可能讲原则。

2. 关于用人与管理的研究

（1）在用人方面。纵观我国历史长河，统治者们和幕僚政客们在选人用人方面，都在提倡德才兼备和尚贤任能。古人眼中的德，主要包括个人的政治道德（即要忠于朝廷）和伦理道德（即个性心理品德），其要与社会风俗和习惯相一致；才，主要是指一个人的学识、胆量、谋略等，其直接体现就是个人观察问题、分析问题、解决问题等方面的能力。而所谓的尚贤任能，即任人唯贤，提拔重用那些有真才实学的人。

（2）在管理方面。三国时期的名相诸葛亮认为，在用人方面，应该提倡"为官择人"，而不是"为人择官"。意思就是说，要根据岗位和职务来挑选人才，而不是因为个人而设立一个岗位。这与当下的因岗择人的理念是一致的。

诸葛亮在《诸葛武侯文集》中提及："赏以兴功，罚以禁奸。"即要通过奖赏激励的方式来鼓励人们为国立功，通过惩罚的方式来约束和制止人们做坏事。同时，诸葛亮还提倡"人君先正其身，然后乃行其令。""先理身，后理人。"这就是说，作为领导人，一定要以身作则，做好表率。

（二）西方关于人力资源管理思想的研究

在西方发展史中，关于人和人性的思考很早就已经存在了，比如古希腊的亚里士多德认为，天赋人性，即人从生下来开始，就注定有的人应该从事体力劳动，有的人则宜于从事脑力劳动，人力资源系统中的各要素可以是一成不变的。在古希腊时期、古罗马时期、中世纪前后，虽然都有些许的人力资源管理思想的火花，但是仅仅限于少数人的言论当中，有很浓厚的、简单的线性思维，并不存在关于人力资源管理的复杂的思维方式和逻辑。

学术界普遍认为，人力资源管理思想最早萌芽于古典政治经济学时期。重农主义代表魁奈[①]认为，创造财富的第一要素是人。古典政治经济学鼻祖威廉·配第[②]则首先提出了劳动创造价值的观点，以及"土地是财富之母，劳动是财富之父"的著名论断，对劳动在生产过程中的作用给予了高度评价；同时，他认为，有的人往往会因为他自己所具备的技能而可以做到他人所不能做到的事情，可描绘为：素质的不同必然会导致劳动能力的不同，

[①] 弗朗斯瓦·魁奈（Francois Quesnay，1694—1774），古典政治经济学奠基人之一，法国重农学派的创始人和重要代表。
[②] 威廉·配第（William Petty，1623—1687）是英国古典政治经济学之父，统计学创始人，最早的宏观经济学者。

而劳动能力的不同必然会带来所创造的财富价值的差异。

英国古典经济学体系创建者、古典经济学的集大成者亚当·斯密[1]进一步肯定了劳动在生产和再生产过程中的作用，通过针头的生产等案例揭示了劳动分工的作用，证明了劳动的熟练程度是可以通过教育培训来获得的，教育培训所花费的时间和成本便是学费。"学习的时候，固然要花费一笔费用，但这笔费用可以得到偿还，赚取利润。"亚当·斯密的观点可以说是西方管理思想发展史上关于人力投资最早的思想萌芽，至今仍然有着非常重要的学术价值和实践意义。

古典经济学家李嘉图[2]进一步强调了劳动是价值创造和价值增值的源泉，同时将劳动分为复杂劳动和简单劳动，通过分析宝石工匠与普通劳动者一天的劳动价值的差异，深刻阐述了复杂劳动可以创造更高价值的观点。这其实就是关于人力资源方面问题的一种研究。

19世纪末20世纪初，英国经济学家马歇尔认为，劳动、资本与管理是企业运作的三大要素，且资本和管理大部分是由知识和组织构成的。马歇尔的这些思想和观点已经成为近现代人力资源管理思想的重要源泉。

二、人力资源管理思想的形成期

此前的管理研究，更多的是集中于个别要素的研究，仅仅是单独的、静止的、机械的研究，或者说只是简单的经验总结，并没有形成独特的管理理论体系。20世纪初期，管理理论的研究实现了第一次飞跃，从经验管理上升到了科学管理。

（一）泰勒与科学管理原理

19世纪末，随着美国南北战争的结束，美国全国上下都将注意力放在了发展经济上，企业高速扩张，经济高速发展。但是企业管理中出现了诸多矛盾，其中最为主要的是，经验管理开始失效，企业主不知道工人每天的工作量是多少，发现工人总是在抱怨工资偏少，消极怠工；而工人则是抱怨自己的工作量没法衡量，企业主总是通过延长工作时间、加大工作量来剥削自己。由此带来了企业生产效率不高的状况。

在此背景下，美国科学管理创始人泰勒[3]通过金属切削实验、搬运生铁实验、铁锹实

---

[1] 亚当·斯密（Adam Smith），1723年6月5日出生在苏格兰法夫郡（County Fife）的寇克卡迪（Kirkcaldy），英国经济学家、哲学家、作家，经济学的主要创立者。亚当·斯密强调自由市场、自由贸易以及劳动分工。

[2] 大卫·李嘉图（David Ricardo，1772—1823），英国古典政治经济学的主要代表之一，也是英国古典政治经济学的完成者。

[3] 弗雷德里克·温斯洛·泰勒（Frederick Winslow Taylor，1856—1915），美国著名管理学家、经济学家，被后世称为"科学管理之父"。

验三大实验来观察和分析企业管理效率不高的原因。通过三大实验，泰勒认为，可以通过改变企业生产车间的灯光、生产工具以及规定工作量等因素来实现效率的提高。由此，泰勒提出了著名的科学管理原理，并于1911年出版了著名的《科学管理原理》一书。科学管理原理的提出被认为是企业管理从经验管理时代迈入科学管理时代的标志，泰勒也因此被称为"科学管理之父"。

泰勒的科学管理原理包括以下内容：

1. 挑选一流工人

泰勒认为，人事管理的基本原则应该是将合适的人安排到合适的工作岗位上去，应该打消一个人可以做好任何一件事的观念，因为人的特长、特点都不一样。所以，对于某一项工作，企业主应该挑选出最好的工人，对其进行培训，并且最大限度地开发其潜能，并配置到合适的岗位上去。通过如此配置，以及作业管理和时间管理等方式，不断提高企业的生产效率。

2. 工作定额原理

泰勒认为，企业主必须根据工人自身的特点和实际情况，规定出一个合理的日工作量，并固定工作时间，提高专业化操作水平，以提高作业效率。

3. 标准化管理

为了提高工人的作业效率，企业主有必要对作业时间、作业动作和操作流程、作业工具、作业环境等进行标准化管理，用文件的形式固定下来。

4. 计件工资制

为了鼓励工人多做工，泰勒认为可以实行计件工资制，即对超出合理工作量的工人进行奖励，对没有达到合理工作量的工人进行惩罚。

5. 管理和劳动分开

泰勒认为，企业主和管理人员应该从事管理工作，而不是直接进入作业环境进行作业。泰勒提出了职能工长制，认为每一个管理人员都应该管理专业化，管理好自己所负责的车间或范围内的工人。如果规模较大，高层人员应该抓大放小，将重大事项的权力集中在一起。同时，泰勒还提倡劳资双方应密切合作，共同把蛋糕做大，而不是仅仅盯住眼前微不足道的利益和收获。

泰勒提出的科学管理原理实现了从经验管理到科学管理的跨越，标志着管理学开始成为一门真正的、独立的学科。虽然泰勒认为工人是"经济人"，是自私的、懒惰的，忽略了工人的社会性，但是这是第一次将人性的研究纳入企业管理研究中来，为以后关于人的研究和管理提供了重要的理论依据和参考，对人力资源管理思想的发展有着重大的影响。

（二）工业心理学阶段

20世纪20年代后期，企业管理从"物"的因素转移到"人"的因素，产生了人群关系学说和行为科学理论。

1. 梅奥与霍桑试验

乔治·埃尔顿·梅奥（George Elton Mayo，1880—1949），美国管理学家、人际关系学说的创始人，其代表作是《工业文明中人的问题》，自1927年开始接手主持霍桑试验。

自泰勒的科学管理理论诞生以来，许多管理学家、企业主认为，企业的工作环境和工人的工作效率有着直接影响的关系，他们都在试图通过改善企业的作业环境来提高工人的作业效率。为了验证企业的工作环境和工人的工作效率之间的关系，1924年，美国国家科学院的全国科学研究委员会决定在霍桑工厂进行实验研究，此实验一直持续到1932年。这就是著名的霍桑试验。

霍桑试验是一项以科学管理逻辑为基础的实验，大致可以分为以下四个阶段：

阶段一：车间照明实验，目的是弄明白照明的强度对生产效率所产生的影响。当时主流观点认为，影响工人生产效率的是疲劳和单调感等，于是当时的实验假设是"提高照明度有助于减少疲劳，使生产效率提高"。可是经过两年多实验发现，照明度的改变对生产效率并无影响。具体结果是：当实验组照明度增大时，实验组和控制组都增产；当实验组照明度减弱时，实验组和控制组依然都增产。这种状况的出现直接导致参与者们信心的丧失，也由此，梅奥带领的试验小组开始接手并继续试验。

阶段二：福利实验，目的是找到更有效地影响职工积极性的因素。

阶段三：访谈实验，目的是研究工人在交谈中的怨言。研究发现，引起他们不满的事实与他们所埋怨的事实并不是一回事，工人表述的不满与隐藏在心里深层的不满情绪并不一致。

阶段四：群体实验，目的是要证实工人当中似乎存在着一种非正式的组织，而且这种非正式的组织对工人的态度有着极其重要的影响。

通过霍桑试验，梅奥的试验小组得出了诸多新观点和新结论：

（1）工人是"社会人"，而不是"经济人"。泰勒的科学管理理论认为，工人都是自私的"经济人"，金钱刺激是提高工人工作积极性的唯一因素。而通过霍桑试验，梅奥等人认为，外在环境和经济因素仅仅是第二位的，工人们的社会因素、群体归属心理等社会心理因素才是决定工人工作积极性的第一要素。所以，梅奥的这些管理理论也被称为"人际关系"理论或"社会人"理论。

（2）企业当中存在着非正式组织。泰勒的科学管理理论认为，除了接受严格的公司制度管理和共同生产外，工人们之间并不存在其他的合法或合理关系，所以公司应该建立严格的管理制度，减少这种影响生产作业效率的非正式关系。而霍桑试验结论是，除了制度规定的正式关系之外，工人们之间存在着诸多自发形成的、非正式的组织，这些组织有着自己独特的规范和运转规则，其影响力超过正式工作关系的影响力。因此，管理者不仅仅要关注正式工作关系，还应关注非正式组织带来的各种影响。

（3）工人们的工作效率主要取决于周围的人际关系。泰勒的科学管理理论认为，管理者应该严格管理、指挥和监督工人。梅奥等人则认为，工人生产作业的效率取决于周围的人际关系，企业主应该重视工人之间的非正式工作关系，培养平衡正式群体和非正式群体之间关系的能力。

总之，梅奥等研究者通过霍桑试验得出的结论认为，公司的工人不是"经济人"，而是"社会人"，他们之间存在非正式群体关系，所以企业主应该加强工人们的人际关系管理，充分挖掘非正式群体关系。这些思想为日后人力资源管理和企业文化管理等管理工作提供了重要的理论指导。

2. 马斯洛需求层次理论

梅奥等人通过霍桑试验得出的结论是，工人是"社会人"，有着社会心理的需求，但是没有具体展开，更没有进一步分析工人的个体心理需求。

亚伯拉罕·马斯洛[①]在1943年发表的论文《人类激励理论》中分析并得出结论：人的潜意识中有五层需求，即生理需求、安全需求、社交需求、尊重需求、自我实现需求，且在不同时期表现为不同的需求，并且呈现出由低层次向高层次转变和层层提升、由外部需求向内部需求转化的趋势。马斯洛的需求层次理论对日后人力资源的管理、开发以及相关的激励理论的产生奠定了重要基础。

3. 人力资源概念的提出

彼得·德鲁克[②]于1954年在其著作《管理的实践》中第一次提出了人力资源管理的概念，并加以明确界定。

彼得·德鲁克认为，企业有各种资源，但是人力资源是真正的资源，也是最重要的资

---

① 亚伯拉罕·马斯洛（Abraham H. Maslow，1908—1970）是美国著名社会心理学家，第三代心理学的开创者，提出了融合精神分析心理学和行为主义心理学的人本主义心理学，于其中融合了其美学思想。他的主要成就包括提出了人本主义心理学，提出了马斯洛需求层次理论，代表作品有《动机和人格》《存在心理学探索》《人性能达到的境界》等。
② 彼得·德鲁克（Peter F.Drucker，1909—2005），现代管理学之父，其著作影响了数代追求创新以及最佳管理实践的学者和企业家们，各类商业管理课程也都深受彼得·德鲁克思想的影响。

源。一切资源的运用必须以人为中心。企业要想让员工取得成绩，就应该把人看作在心理、能力、行为模式等方面并不完全相同的有机个体，通过根据企业自身实际情况设计工作程式，不断增加工作内容，可使人力资源取得成就，且更具有活力。

同时，彼得·德鲁克认为，企业主和公司管理者应该在人事任免、用人所长、重视非正式组织的作用等方面进行周全的考虑，既要对员工提出高要求，促进其进步，也要对员工提出宽要求，避免造成束缚之感。

4. 舒尔茨的人力资本理论

西奥多·舒尔茨于1960年在美国经济学年会上系统阐述了人力资本理论，并根据对美国从1919年到1957年生产总值增长的分析，认为生产总值增长额中49%是人力资本投资的结果，物质投资增加4.5倍，收益会增加3.5倍，而人力资本投资增加3.5倍，收益则会增加17.5倍。

西奥多·舒尔茨认为，人力资本投资可以通过教育普及、培训、职业教育等方式来实现。该观点出现后，各种人力资本管理思想的研究也大量出现了。

三、人力资源管理思想的发展期

自20世纪70年代以来，随着实践的发展和理论研究的深入，人力资源管理思想开始从以前的"以事为主"的人事管理思想向"以人为中心"的人力资源管理转变，积极探索和开发人的潜力、能力，发挥人内在的主观能动性，由刚性管理变为柔性管理。人事管理与人力资源管理的区别。

20世纪70年代，人事管理和人力资源管理交替使用，而到了20世纪80年代，商业界和学术界都迅速转向了人力资源管理，公司的相关组织单位也更换了名称。

进入20世纪90年代以来，从内容上看，人力资源管理的研究和探索出现了理论研究与实践探索两个方面的区别，既有超前性的理论研究指导企业人力资源管理实践的一面，也有实践推动理论研究深入的一面。从其他方面来看，人力资源管理理论和实践的探索都呈现出了团队化、信息化、职业化、全球化的趋势，出现了由现场管理向非现场管理的趋势，更加强调人力资源管理的成本、效益、公平和多样性，以及公司发展目标与个人发展目标相结合的理念。

自改革开放以来，我国一直非常重视人力资本的积累。通过走出去学习、召开国际国内专题会议、引入国外经典著作和人力资源管理思想等方式，我国的人力资源管理思想实现了巨大跨越。进入21世纪以来，我国政府提出了以人为本的国家建设理念，而该理念也很快就被各大企业吸纳和运用，成为目前商业界和学术界的一个研究热点。

第二章 人力资源战略与规划

第一节 人力资源战略分析

在不断变化的国际竞争环境中,要使企业战略得到有效实施并充分保持其竞争优势,主要取决于企业人力资源战略的成功制定与实施。人力资源战略是为管理变化而制定的一种方向性的行动计划,它将企业管理思想与行动联系起来,确定如何以战略为核心通过合理、一致的组织管理方式进行人力资源管理,研究管理人员如何更加有效地实施人才引进、人员配置、薪酬管理、绩效管理等人力资源管理的各个方面。

一、战略与人力资源战略的界定

(一)战略

战略作为一项重大的决策,其选择的正确与否直接关系到组织的成败或兴衰。如果对于组织的未来发展没有长期清晰的谋划,对组织的未来形式缺乏实际有效的指导方针,组织在面临不断发展的经济、技术模式急剧冲击时,容易迷失自我,最终会因失去生存的条件而消亡。从根本上说,战略本身也是一个属于计划范畴内的概念,但战略组织未来发展方向的远景规划,更侧重于规定组织的长远发展方向。战略制定有利于近期经营计划目标与远期目标相互整合,将总体战略目标与局部战术目标统一,从而充分利用组织的各种资源并提高工作效率。

(二)人力资源战略

企业竞争中,企业的一切经营决策的制定与执行都需要有人的参与,人才是企业的核心资源。不论什么企业,都应该至少拥有人力、财力、物力三种资源,物力资源和财力资源是企业的有形资源,具有一定的有限性。而人力资源作为一种无形资源,是一种无限可再生资源,企业通过教育、培训、开发等活动增加或提升人力资源的数量及质量,以维持企业的正常经营和自主创新可持续发展。随着经济全球化进程的加快,企业的生存和发展越发依赖于人力资源的战略性作用，人力资源战略在企业管理中的战略价值日益上升。人力资源战略要解决的问题不是某个岗位或级别上的人才选用问题，而是组织或企业依据既有的中长期发展目标，建立管理团队，从总体上规划人力资源供给的目标，制定相应的实施方案和措施，并有计划地逐步加以贯彻和实施。

简单来说，人力资源战略，就是从战略的角度研究人力资源管理的各个系统，是区别于传统人力资源管理的一种管理方法。尽管目前对于人力资源战略的定义还没有一个公认的界定，但从战略的一般含义并结合人力资源的特性来看，人力资源战略是适应企业内外部环境的、基于提升人力资源核心竞争力的、企业人力资源管理的策略和规划，它是在企业总体战略指导下制定的企业人力资源发展战略，包括企业人力资源的使命和价值观，人力资源发展的目标、方向、方针与政策等，对企业人力资源管理活动具有重要的指导作用，同时也是实现企业战略的有效保障。

二、人力资源战略的作用体现

随着市场竞争的日益激烈，人力资源战略在企业获得和保持竞争优势的过程中正在发挥越来越大的作用。现代企业的人力资源战略旨在通过建立人力资源开发机制和人力资源管理机制来保证企业获得并保持竞争优势。人力资源战略的作用主要体现在以下几个方面：

（一）有助于扩展企业人力资本

人力资本是企业人力资源的全部价值，它是通过对人投资而形成的存在于人体中并能带来未来收益的，以知识、技能及健康等因素体现的价值。战略性人力资源管理的目标就是要不断增加人力资本，企业人力资本的短缺将直接影响企业的市场竞争力。

作为企业战略的一部分，人力资源战略就是要提高企业人力资源的质量，尤其要开发企业未来发展所需要的各种能力。通过人力资源培训和开发，缩短直至消除企业员工现有技能与企业发展所需技能之间的差距。人力资源战略实施主要就是通过内部的人力资源管理活动，为员工提供更多的成长机会，为员工提供职业生涯设计，从而使员工在不断的潜能开发中与企业获得同步发展。

（二）有助于推动企业战略的实现

人力资源战略属于职能战略，它是指人力资源管理者从组织的全局角度，整体上从组织长远的、根本的利益出发，通过周密而科学的论证，所设计的具有方向性、指导性、可操作性的实施人力资源管理与开发的谋划、方针、原则、行动计划与谋略。人力资源战略既是坐向标，它为人力资源相关的各项职能活动的展开提供明确的方向；它又是一种黏合剂，将人力资源的管理与企业战略联系在一起。

企业的战略得到有效贯彻执行，离不开人力资源管理体系的支撑。企业的战略目标必须分解为更具体的目标体系，并且采取有效的资源保障和配置，通过有效的激励和约束，才能得到最终实现。从企业的外部环境、内部氛围、人力资源部门职能管理、任务完成等层面来看，战略性的人力资源管理对企业战略目标的实现有重要的影响。人力资源战略可以帮助企业根据市场环境的变化和人力资源开发与管理自身的发展，建立适合企业特点的人力资源开发与管理的方法，如根据市场变化趋势，确定人力资源的长远供需计划、根据员工期望建立与时代相适应的激励机制，有针对性地对员工进行开发与培训，引导资源的合理分配，避免资源浪费或不合理配置，提高员工的素质与能力，适应科学技术发展的要求。同时，人力资源战略可以帮助企业改进人力资源开发与管理的方法，确保企业人力资源的数量、素质能力、结构和状态等都与企业的战略要求相一致，使企业人力资源开发与管理采用的方法更具有指导意义。

（三）有助于获取企业持续竞争优势

从长远来看，为了在日益激烈的市场竞争中立于不败之地，企业必须获取和维持相对于其他竞争者的某种优势，这也正是企业战略的重要目标所在。人力资源战略作为企业战略的重要组成部分，它的每一项具体的实践活动都会影响到企业竞争优势的获得。

人力资源战略的核心之一是为了培育和发展企业竞争优势的重要源泉——核心竞争力，这种核心竞争力是企业内部的知识集合，包括全体员工的知识和能力、技术系统、管理系统和价值规范等方面。企业的员工能够通过自身的智慧和勤奋提升公司实力，同时员工也能够实现自我价值，这样的企业就能有较强的竞争力，也就能获得长期的生存和发展。通过人力资源战略的实施所获得的竞争优势比通过其他手段所获得的竞争优势更为持续。

（四）有助于凝聚企业文化

企业文化作为企业的理念和员工的行为方式，是企业绩效的关键影响因素。对企业来说，不存在正确的企业文化，只有合适的企业文化。由于企业面临的环境是不断变化的，企业也必须不断调整以适应环境的变化，因此企业文化不是一成不变的，它需要不断地变革以帮助企业获得独特的竞争优势。在实际中，企业通常采用几种战略并形成不同文化的混合体，因此在制定人力资源战略的时候，应当辨识主要战略和强势文化，形成相应的人力资源战略。

三、人力资源战略的不同类型

企业在掌握内部资源和对外部环境分析的基础上,可以根据自身的发展目标制定适宜的人力资源战略。人力资源战略对企业的人力资源管理活动起着指导作用,促使人力资源管理活动的各部分之间相互配合并形成有效整体,推动企业各项工作的有序开展。因此,不同的人力资源战略从不同方面影响着人力资源管理活动的方方面面。

(一)人力资源战略和企业战略的协调

目前对人力资源战略类型的划分主要集中在成本领先战略、差异化战略和集中战略。成本领先战略是指企业在提供相同的产品或服务时,其成本或费用明显低于行业平均水平或主要竞争对手的竞争战略;差异化战略是指企业通过向用户提供与众不同的产品或服务,以获取竞争优势的战略;集中战略是指企业在某个较狭窄的领域内,选择实施低成本战略或差异化战略,或是两者兼而有之的竞争战略。人力资源战略与企业竞争发展战略之间的协调配合是获得竞争优势、实现企业战略目标的关键。

当企业采用成本领先战略时,主要依靠产品(服务)的低成本取得竞争优势,企业为保持持续竞争优势,必须严格控制成本并加强预算。与之相适应,企业所推行的人力资源战略强调的是高效性、低成本市场、结构程序合理有序,以此减少竞争中的不确定性,同时要加强对创新的推动鼓励。

企业采取差异化竞争战略,其关键在于通过创造产品(服务)的独特性以获得创新优势。采用该战略的企业一般具有较强的营销能力,关注产品(服务)的设计与研发,产品质量优异。人力资源战略要与此相协调,强调组织的不断创新并具有一定的变革弹性,培训和考评以团队为基础,实行差别化的薪酬策略。

企业采取集中战略,在某一领域实施专门化战略时,相应地,其所推行的竞争战略和人力资源战略综合了上述成本领先战略与差异化战略两种方式的特点。

(二)组织生命周期与人力资源战略的制订

近来对组织生命周期的研究表明,组织发展有四个主要阶段:创业阶段、集体化阶段、规范化阶段、精细阶段,是每个组织从产生、发展到成熟和最终消亡必然经历的四个阶段。由于每个阶段组织所具备的功能及其面临的内外部环境的不同,各阶段呈现出自身的特点,同时从组织整体的生命周期来看,各阶段实际上是连续的自然过程。人力资源战略的制定与实施必须遵循组织的生命周期,明确不同发展阶段的特点,保持组织的生命力并实现持续发展。

1. 创业阶段

当一个组织产生时，规模较小，具有非规范化、非官僚制和个人主导的特性。组织的知名度较低但灵活性极佳，创立者即是管理者，各项活动的展开以创立者为核心，组织规章制度和文化处于散乱形成时期，人治色彩浓厚。组织的发展壮大始于某一产品或服务得到市场的认可。

根据这一阶段组织特点，人力资源战略必须注意由于组织处于初创期，缺乏知名度和实力，组织所需人员数量不多但要求质量较高，能够独自担当某一方面的工作。人力资源管理工作量不大但缺乏实际经验，选拔高素质的人才关系着组织未来的发展。同时必须注意吸引和招纳适应组织发展需求的关键人才，培养核心人才，制定鼓励人才发挥才智的激励措施，完善组织制度，加速组织发展。

2. 集体化阶段

如果创业初期运行良好，组织将获得良好的成长性和竞争性，并开始提出明确的目标和方向，从而过渡到集体化阶段。这一阶段的组织规模不断扩大，创业者的个人作用开始弱化，规章制度不断建立和健全，组织文化开始形成，所提供的产品或服务不断扩展并快速增长，对各种资源的需求加大。发展战略的核心是如何使组织获得持续、快速、稳定的发展。

在这一阶段，组织对人力资源数量的需求不断增长，对人员素质有更高的要求，需要更加有效率的规范化管理来促进组织的发展。人力资源战略的重点是确保组织对人力资源数量和质量的需要，建立规范的人力资源管理体系，在帮助组织发展的同时不断加强人力资源管理部门自身的建设。

3. 规范化阶段

规范化阶段的组织，灵活性和可控性达到平衡，是发展状态的最佳时期。组织制度和组织结构发展完善并能充分发挥作用，内部稳定性不断提高，市场进一步扩大，产品或服务得到改进和完善，开始形成稳定的组织形象。组织对未来的判断能力增强，并能承受增长带来的压力，化解危机。

组织进入规范化阶段，其发展方向有三：一是经过短暂的繁荣进入衰退阶段，这是任何组织不愿出现的情况；二是组织领导者始终保持清醒头脑，不断调整组织各部分，尽可能延长成熟期；三是组织积极稳妥地推进内部变革，以此作为组织新的发展平台，并进入到新一轮增长期。因此，在这一阶段，如何使成熟期延长并力争使组织进入新的成长期，是组织发展战略的关键。故人力资源战略的主要关注点是激发创新意识，推动组织变革，吸引并留住具有创新意识和能力的人员，保持组织活力。在该阶段推动创新与变革，必然会触动许多组织人员特别是关键人才的利益，因此，实施人力资源战略的关键是处理好组织稳定获利与持续创新之间的平衡。

4. 精细阶段

这是组织生命周期的最后阶段，组织已失去活力，内部缺乏创造性，组织市场占有率下降，产品竞争力减弱，危机开始出现，组织战略管理的核心是寻求组织重整和再造，使组织获得新生。

为应对组织发展战略变化的需要，这一时期人力资源战略的重点是妥善裁减冗余人员，严格控制人工成本，提高组织运行效率。同时，调整人事政策，吸引并留住关键人才，为组织变革、需求重生创造条件。

第二节　人力资源规划概述

一、人力资源规划的内涵及特征

（一）人力资源规划的内涵阐释

人力资源规划的内涵有广义和狭义之分，广义的人力资源规划是指企业所有人力资源计划的总和，是战略规划与战术计划（即具体的实施计划）的统一；狭义的人力资源规划是指为实施企业的发展战略，完成企业的生产经营目标，根据企业内外部环境和条件的变化，运用科学的方法，对企业人力资源的需求和供给进行预测，制定相应的政策和措施，从而使企业人力资源供给和需求达到平衡，实现人力资源的合理配置，有效激励员工的过程。

简单地讲，人力资源规划是指根据企业内外部环境和条件的变化，对企业在某个时期内的人员供给和人员需求进行预测，并根据预测的结果采取相应的措施来平衡人力资源的供需。

人力资源规划包含三层含义：一是企业进行的人力资源规划是一种预测；二是人力资源规划的主要工作是预测供需关系，制定必要的人力资源政策和措施；三是人力资源规划必须和企业的战略相适应，必须反映企业的战略意图和目标。

要准确理解人力资源规划的含义，必须把握以下三个要点：

第一，人力资源规划要在企业发展战略和经营规划的基础上进行。人力资源管理只是企业经营管理系统的一个子系统，是要为企业经营发展提供人力资源支持的，因此，人力资源规划必须以企业的最高战略为坐标，否则人力资源规划将无从谈起。

第二，人力资源规划应当包括两部分的内容：一是对企业特定时期的人员供给和需求进行预测，二是根据预测的结果采取相应的措施进行供需平衡。这两部分内容相辅相成，前者是后者的基础，离开了预测，人力资源将无法进行平衡；后者是前者的目的，如果不采取措施平衡供需，预测将失去意义。

第三，人力资源规划对企业人力资源供给和需求的预测要从数量和质量这两个方面来进行。企业对人力资源数量的需求只是一个方面，更重要的是保证质量。也就是说，供给和需求不仅要在数量上平衡，还要在结构上匹配，而对于后者，人们往往容易忽视。

（二）人力资源规划的主要特征

1. 战略性特征

从性质上看，人力资源规划服务于组织的发展战略，是为了保证实现组织的战略发展目标而实施的一系列行动方案，是组织发展战略规划的重要组成部分。它要以组织的发展战略目标为依据，随组织的战略目标而变化，表现出战略性特征。

2. 动态性特征

从起因上看，组织的环境在不断变化，这种变化意味着组织对人力资源供需的动态变化。人力资源规划必须服从于组织环境变化的需要，为适应组织环境变化而做出相应的调整，不能一成不变，表现出动态性特征。

3. 前瞻性特征

从本质而言，人力资源规划建立在组织对人力资源需求的分析和预测基础上，通过对组织过去的纵向分析和现状的横向考察，找到组织发展变化的规律，从而科学系统地从长计议，制定缩小人力资源素质结构等方面可能存在差距的方案，从而实现组织目标的过程。它是现代人力资源管理的核心和出发点，具有前瞻性特征。

4. 综合性特征

从过程来看，人力资源规划是将组织发展战略系统地融入职务编制、人员配置、教育培训、薪酬分配、职业发展等人力资源管理的方方面面，从而整合协调各种因素和资源的过程，是一种全面而长远的组织计划安排，具有综合性特征。

5. 双赢性特征

从结果来看，人力资源规划要达到的是人力资源供给从数量、质量、结构上都满足资源需求，使组织产出达到高绩效。而且它通过最大限度地开发利用组织人力资源，有效地激励员工提高素质，达到"人尽其才，才尽其用"的目的，以实现人力资源的最佳配置和动态平衡。所以人力资源规划的最终目标是使组织和员工长期受益，具有双赢性特征。

二、人力资源规划的主要内容

（一）人力资源总体规划

人力资源总体规划是指对计划期内人力资源规划结果的总体描述，包括预测的供给和需求分别是多少，做出这些预测的依据是什么，供给和需求的比较结果是什么，企业平衡供需的指导原则和总体政策是什么，等等。

人力资源总体规划中最主要的内容包括：①供给和需求的比较结果，也称净需求，进行人力资源规划的目的就是得出这一结果。②阐述在规划期内企业对各种人力资源的需求和各种人力资源配置的总体框架，阐明人力资源方面有关的重要方针、政策和原则，如人才的招聘、晋升、降职、培训与开发、奖惩和工资福利等方面的重大方针和政策。③确定人力资源投资预算。

（二）人力资源业务规划

人力资源业务规划是总体规划的展开和具体化，每一项业务规划都由目标、政策、步骤、预算等部分组成，其主要作用是确保总体规划的目标得以实现。

人力资源业务规划的内容较多，下面具体介绍以下七种：

1. 晋升规划

所谓晋升规划，是指根据企业的需要和员工的需要，以及分布状况和层级结构，制定员工的职务提升方案。该规划不仅可以对企业空缺岗位进行有效的补充，实现人与事的合理配置，同时也可以实现员工的理想，充分调动员工的积极性。

2. 补充规划

补充规划是指由于人员退休、跳槽、企业的规模扩大等原因，企业经常会出现新的岗位空缺，因此，企业必须制定一定的政策和措施来对企业可能的空缺岗位加以补充，以促进人力资源数量、质量及结构的改善。晋升计划实际上也是一种补充规划，当上一层级的职位出现空缺的时候，首先考虑的是从下一层级晋升，这样会引起下一层级的职位空缺，最后积累到较低层次的需求上来。人力资源补充规划应将企业目前的状况和未来需求结合起来，这样才能确保企业在任何需要的时候和需要的岗位上及时找到合适的人力资源。

3. 培训开发规划

企业培训开发规划主要是指通过企业自身的努力使员工更好地适应工作以及为未来发展储备后备力量。许多著名的企业都非常重视人员培训，如IBM、松下电器等，它们都有严格的培养计划，甚至有自己的培训中心，每年会对员工进行有计划、有目的、分阶段的培训。这样，不仅可以提高工作效率和节约大量的成本，而且有利于调动员工的积极性，对员工具有很强的激励作用。

4. 人员配备规划

人员配备规划是指为了确保企业内各部门人力资源的规模和结构分布比较合理，能够适应环境的变化而制定的一种人力资源规划。它是确定企业人力资源需求的一个重要依据。

5. 退休解聘规划

退休解聘规划主要是在员工将要退休、合同期满不再续聘，以及企业规模缩小或经济不景气时所制定的一项人力资源规划。通过这个规划，可以减少一些员工因离开工作岗位所产生的心理问题或不满情绪。因此，企业应根据经营状况和人员状况提前做好准备。

6. 职业规划

职业规划是指企业为了帮助职工在职业生涯中更好地发展而制定的与企业发展和企业目标相一致的各种政策和措施。所谓职业生涯，是指员工从参加工作到工作结束，所有的工作活动和工作程序按照编年的顺序排列组成的整个工作过程。

职业规划主要有两个层次：一是个人层次的职业规划，是指个人为自己设计的成长、发展及自我实现的满意规划；另一个是组织层次的规划。

7. 薪酬激励规划

薪酬激励规划是指在企业能最大限度地节约成本的同时，又能使薪酬对员工具有激励作用，在工资、奖金、福利等方面制定的各种有效措施。通过该规划，企业可以对未来的薪酬总额进行预算，同时还可确定未来时期内的激励政策，充分调动员工的积极性，促进企业的发展。

总之，良好的人力资源规划是企业人力资源管理工作的前提和基础。组织要想生存和发展，就必须有一支规模适当、素质较高的员工队伍。因此，做好各项人力资源规划工作，实现人力资源的合理配置，充分调动员工的积极性是非常关键的。

第三节 人力资源规划的编制

一、编制人力资源规划的流程

人力资源规划的编制并不是一件简单的事情,需要按照一定的流程来进行,并且有许多需要注意的事项。

(一)信息收集与处理阶段

人力资源规划的第一步就是分析组织的内外部环境及战略目标。组织的内部环境主要是指组织内各项经营活动状况,如组织内部的生产设施状况、技术水平、产品结构及产品的销售额和利润等内容;组织的外部环境通常包括劳动力市场的供求状况、相关政策、法规。同时,进行人力资源规划的人员还要获取组织关于未来发展的准确的、具体的战略目标,以及由战略目标分解后形成的各个战略子目标和各关键部门的战略目标。通过对这些战略目标的分析或参考相关的资料来确定组织的业务规划和各项经营活动。

(二)人力资源需求分析与预测

人力资源需求预测是指对企业在未来某一特定时期所需要的人力资源的数量、质量以及结构进行估计。这里指的需求是完全需求,是在不考虑企业现有人力资源状况和变动情况下的需求,至于净需求,要在与预测的供给进行比较后才能够得出。

1. 人力资源需求分析

对人力资源需求进行预测,不同的人可能有不同的思路,为了便于理解和操作,我们要按照对职位进行分析的思路来预测人力资源需求。企业对人力资源的需求与企业内部的职位密切相关,企业设置多少职位,就需要多少人员;企业设置什么样的职位,就需要什么样的人员。因此,只要能够预测出企业内部职位的变动,相应地就可以预测出企业对人力资源的需求,当然这种预测既要有数量上的也要有结构上的。预测职位变动通常需要考虑以下因素:

(1)企业的发展战略和经营规划。这直接决定着未来企业职位的设置情况。例如,当企业决定实行扩张战略时,未来企业设置的职位肯定就要增加;当企业调整经营战略时,未来企业的职位结构也会发生相应的变化。

（2）产品和服务的需求。按照经济学的观点，企业对人力资源的需求是一种派生需求，它源自顾客对企业产品和服务的需求。这两种需求之间是一种正比关系，当产品和服务的需求增加时，企业设置的职位也应增加，反之，企业设置的职位就应减少。产品和服务需求数量的变化，直接体现在企业经营规模的变化上。

（3）职位的工作量。如果职位的工作量不饱满，就要合并相关的职位，职位数量就要减少；相反，如果职位的工作量超负荷，就要增设相应的职位，职位数量就要增加。衡量职位的工作量是否合理，主要借助职位分析来进行。

（4）生产效率的变化。在其他条件不变的情况下，生产效率的变化会引起职位数量的反向变化，生产效率的提高会使同一职位承担的工作量增加，职位的设置就会减少；生产效率降低了，职位的设置就会增加。引起生产效率变化的因素：生产技术的改变、工作方式的调整、薪酬水平的提高、员工能力和态度的变化等。

通过上述分析，可以得出未来企业职位设置的变化值，将它与现有的职位进行比较就能够计算出未来一定时期企业职位的设置情况，从而预测出人力资源的需求。

2．人力资源需求预测

对人力资源进行预测的方法有很多，这里我们介绍以下五种有代表性的方法。

（1）主观判断法。组织中有非常了解企业内部发展和员工的部门主管，他们可以根据组织的发展要求对员工需求做出合理的预测。这是最简单的一种方法，是部门主管根据自己的经验和直觉进行的评估。优点是简单易行，管理人员能够做出符合组织和员工长期良好发展的预测。但由于是个人的主观直觉，必然存在着缺陷和不足：一是适用范围有局限性，此方法适用于规模不大、人员流动率低的企业；二是要求管理人员有非常丰富的经验，才能做出较准确的预测。

（2）德尔菲法。它是由美国兰德公司在20世纪40年代末首次提出的，是有关专家对企业组织某一方面的发展达成一致观点的方法。使用此方法的目的是通过综合专家们各自的意见来预测某一方面的发展。由于这种方法充分运用了专家的知识和经验，又通过反复反馈使专家意见趋同，因此具有可操作性，且可以综合考虑社会环境、企业战略和人员流动三大因素对企业人力资源规划的影响，运用也比较普遍。

（3）趋势预测法。趋势预测法是指利用过去的员工人数预测未来人力资源的需求。采用这种方法的关键是选择一个对员工人数有重要影响的预测变量。趋势预测法是一种基于统计资料的定量预测方法，可分为简单模型法、简单的单变量预测模型法、复杂的单变量预测模型法。趋势预测法在使用时一般都要假设其他的一切因素保持不变，或者变化的幅度保持一致，往往忽略了循环波动、季节波动和随机波动等因素。

趋势预测法的步骤：首先收集企业在过去几年内人员数量的数据，并且用这些数据作图，然后用数学方法进行修正，使其成为一条平滑的曲线，将这条曲线延长就可以看出未来的变化趋势。

（4）回归预测法。回归预测法是指根据数学中的回归原理对人力资源需求进行预测的一种方法。由于人力资源的需求总是受到某些因素的影响，回归预测的基本思路就是找出那些与人力资源需求密切相关的因素，并依据过去的相关资料确定出它们之间的数量关系，建立回归方程。然后根据历史数据，计算出方程系数，确定回归方程。这时，只要得到了相关因素的数值，就可以对人力资源的需求量做出预测。

（5）比率预测法。比率预测法是基于对员工个人生产效率的分析来进行的一种预测方法。进行预测时，首先计算出人均生产效率，然后根据未来企业的业务量预测出对人力资源的需求，可用如下公式表示：

所需的人力资源＝未来的业务量／人均生产效率。

（三）人力资源供给分析与预测

人力资源供给预测是指对在未来某一特定时期内能够供给企业的人力资源的数量、质量以及结构进行估计。由于超出企业获取能力的供给对企业来说是没有任何意义的，因此在预测供给时必须对有效的人力资源供给进行预测。一般来说，人力资源的供给包括内部供给和外部供给两个来源，内部供给是指从内部劳动力市场提供的人力资源，外部供给则是指从外部劳动力市场提供的人力资源。

1. 人力资源供给分析

由于人力资源的供给有两个来源，因此对供给的分析也要从这两个方面入手。相比内部供给来说，企业对外部人力资源供给的可控性是比较差的，因此人力资源供给的预测主要侧重于内部供给。

（1）外部供给分析。由于外部供给在大多数情况下并不能被企业直接掌握和控制，因此外部供给的分析主要是对影响供给的因素进行判断，从而对外部供给的有效性和变化趋势做出预测。

（2）内部供给分析。由于人力资源的内部供给来自企业内部，因此企业在预测期内所拥有的人力资源就形成了内部供给的全部来源，所以内部供给分析主要是对现有人力资源存量及未来的变化情况作出判断。

2. 人力资源供给预测

人力资源供给预测的方法主要是针对内部供给预测而言的，预测的方法有很多，这里主要介绍以下四种代表性的方法：

（1）技能清单。技能清单是一个列表，该表列出了员工从事不同职业的相关能力特征，包括所接受的培训课程、以前的经验、持有的证书、通过的考试，甚至包括对其实力或耐心的测试情况。技能清单既可以体现各种关键能力，又可以帮助计划制订者按雇员的职业资格预测其从事新职业的可能性。

（2）人员替换。人员替换也叫人员替换图。这种方法仍是对企业现有人员的状况做出评价，然后对他们晋升或调动的可能性作出判断，以此来预测企业潜在的内部供给。这样当某一职位出现空缺时就可以及时地进行补充。

（3）人力资源"水池"模型。人力资源"水池"模型是在预测企业内部人员流动的基础上来预测人力资源的内部供给，它与人员替换有些类似。不同的是，人员替换是从员工的角度来进行分析，而且预测的是一种潜在供给。"水池"模型则是从职位的角度进行分析，预测的是未来某一时间现实的供给。

（4）马尔科夫模型。马尔科夫模型是用来预测等时间间隔点上（一般为一年）各类人员的分布状况的一种动态预测法，这也是从统计学中借鉴过来的一种定量预测方法。

它的基本思想是根据过去人力资源的流动情况，来预测未来人力资源的供给情况。对于这一模型的原理，在此不做阐述，主要解释一下它是如何应用的。

（四）人力资源的供需对比

将本组织人力资源需求的预测数与在同期内组织本身仍可供给的人力资源数进行对比分析，从对比分析中可测算出对各类人员的所需数量。对本企业组织在未来某一时期内可提供的人员和相应所需人员进行对比分析，不但可测算出某一时期内人员的过剩或短缺情况，还可以具体地了解到某一具体岗位上员工余缺的情况，从而可以预测出组织需要具有哪一方面（如知识、技术）的人员，这样就可有针对性地物色或培训，并为组织制定有关人力资源相应的政策和措施提供依据。

企业人力资源供需对比的结果一般有四种：①供给和需求在数量、质量以及结构方面都基本相等；②供给和需求在总量上平衡，但是结构上不匹配；③供给大于需求；④供给小于需求。

（五）人力资源供需平衡的措施

根据人力资源供需对比的不同结果，企业应制定相应的政策和措施，来平衡人力资源的供需。

1. 当供给和需求总量平衡，结构不匹配时的措施

企业人力资源供给和需求完全平衡一般是很难出现的，即使在供需总量上达到了平衡，往往也会在层次和结构上出现不平衡。对于结构性的人力资源供需不平衡，一般要采取下列措施实现平衡：

第一，进行人力资源内部的重新配置，包括晋升、调动、降职等，来弥补空缺的职位，满足空缺职位人力资源的需求。

第二，对人员进行有针对性的专门培训，使他们能够从事空缺职位的工作。

第三，进行人员的置换，释放那些企业不需要的人员，补充企业需要的人员，以调整人员结构。

2. 当供给大于需求时的措施

当预测的供给大于需求时，可以采取以下措施：

第一，扩大经营规模，或者开拓新的增长点。

第二，永久性的裁员，或者辞退员工。这种方法虽然比较直接，但是会给社会带来不安定的因素，因此往往会受到政府的限制。

第三，鼓励员工提前退休。就是给那些接近退休年龄的员工提供优惠政策，让他们提前离开企业。

第四，冻结招聘。就是停止从外部招聘人员，通过自然裁员来减少供给。

第五，通过缩短员工的工作时间、实行工作分享或者降低员工的工资来减少供给。

第六，对富余员工进行培训，为未来企业的发展做好人才储备准备。

3. 当供给小于需求时的措施

当预测的供给小于需求时，可以采取下列措施：

第一，从外部雇用人员，包括返聘退休人员，这是最直接的一种方法。根据企业自身的情况，可以雇用全职，也可以雇用兼职。如果需求是长期的，就应该雇用全职；如果需求是短期的，就可以雇用兼职或临时人员。

第二，提高现有员工的工作效率。提高工作效率的方法有很多，如改进生产技术、增加工资、进行技能培训、调整工作方式等。

第三，延长工作时间，让员工加班加点。

第四，降低员工的离职率，减少员工的流失，同时进行内部调配，通过提高内部的流动来增加某些职位的供给。

第五，将企业的一些业务外包，这实际上等于减少了对人力资源的需求。

企业人力资源供需的不平衡不可能是单一的供给大于需求，或者供给小于需求，往往是各种情况交织在一起，会出现某些部门或某些职位的供给大于需求，而其他部门或者职位的供给小于需求，如某些关键职位的供给小于需求，而普通职位的供给大于需求。因此，企业在制定平衡供需的措施时，应当从实际出发，综合运用这些方法，使人力资源的供给和需求在数量、质量以及结构上都达到平衡。

二、不同人力资源规划的编制方法

（一）人力资源战略规划的编制

人力资源战略规划是人力资源工作的起点，是企业人事行动的指南和工作纲领。在战略规划层次上，人力资源规划主要涉及的内容有分析企业内外部环境因素、预计未来企业总需求中对人力资源的需求、预测远期的企业内部人力资源数量、调整人力资源规划等。在经营计划的层次上，人力资源规划涉及对人力资源需求与供给量的预测，并根据企业人力资源的方针政策，制定具体的行动方案。

1. 调查分析企业人力资源规划信息

在调查分析阶段，要认清企业总体发展战略目标方向和内外部环境的变化趋势。首先，要调查企业与人力资源相关的基本信息，如企业组织结构的设置状况、职位的设置及必要性，企业现有员工的工作情况、劳动定额及劳动负荷情况，未来企业的发展目标及计划，生产因素的可能变动情况等。同时，需要特别注意对组织内人力资源的调查分析，这一部分通常包括：企业现有员工的基本状况、员工具有的知识与经验、员工具备的能力与潜力开发、员工的普遍兴趣与爱好、员工的个人目标与发展需求、员工的绩效与成果、企业近几年来人力资源流动情况、企业人力资源结构与现行的人力资源政策等。另外，对于企业外的人力资源也要进行相关的调查分析，如市场供给与需要的现状、教育培训政策与教育工作、劳动力择业心理与整个外在劳动力市场的有关因素与影响因素等。

2. 企业人力资源需求与供给情况预测

企业的人力资源需求预测主要是基于企业的发展实力和发展战略目标而规划的。人力资源部门必须了解企业的战略目标分几步走，每一步需要什么样的人才做支撑，需求的数量是多少，何时引进比较合适，人力资源成本是多少等内容，然后才能够做出较为准确的需求预测。

企业人力资源供给预测分为内部人力资源供给预测和外部人力资源供给预测。

在进行内部人力资源供给预测时，要仔细地评估企业内部现有人员的状态和他们的运动模式，即离职率、调动率和升迁率。进行内部人力资源供给预测需要了解企业内部现有人员的状态，如年龄、级别、素质、资历、经历和技能等，必须收集和储存有关人员的发展潜力、可晋升性、职业目标以及参加的培训项目等方面的信息。其中技能档案是预测人员供给的有效工具，它包含每个人员的技能、能力、知识和经验等方面的信息，这些信息来源于工作分析、绩效评估、教育和培训记录等。人员在企业内部的运动模式（即人员流动状况）有死亡和伤残、退休、离职、内部调动等。

外部人力资源供给预测包括：本地区人口总量与人力资源比率、本地区人力资源总体构成、本地区的经济发展水平、本地区的教育水平、本地区同一行业劳动力的平均价格与竞争力、本地区劳动力的择业心态与模式、本地区劳动力的工作价值观、本地区的地理位置对外地人口的吸引力、外来劳动力的数量与质量、本地区同行业对劳动力的需求等。

3. 制定企业人力资源战略规划

企业人力资源战略规划的制定是基于以上获得的信息来开展的，是与企业的发展战略相匹配的人力资源总体规划，是企业人力资源管理体系形成的基础和保证。企业的人力资源体系能否建立起来，建立得如何，取决于企业的人力资源战略规划制定的基本内容是否全面和水平的高低。人力资源战略规划的制定主要涉及的内容：与企业总体战略规划有关的人力资源规划的目标、任务的详细说明，企业有关人力资源管理的各项政策及有关说明，企业内外部人力资源的供给与需求预测的结果分析，企业人力资源净需求状况分析，企业业务发展的人力资源计划，企业员工招聘计划、升迁计划，企业人员退休、解聘、裁减计划，员工培训和职业发展计划，企业管理与组织发展计划，企业人力资源保留计划，企业生产率提高计划等。一份完整的人力资源战略规划是企业人力资源管理的基础和核心，人力资源的其他管理工作都是围绕着它不断展开的。

4. 实施与执行企业人力资源战略规划

人力资源战略规划的实施与执行实际就是构建或者规范企业的整个人力资源管理体系，即按照企业的人力资源战略规划来逐步建立或者完善企业现有的人力资源管理体系。把企业的发展战略和人力资源战略规划中的目标和计划进行分解和落实，其内容主要包括：企业组织机构的设计与优化，企业职务的分析和评价，企业人员的招聘与管理，企业绩效考核体系的设计，员工工作表现评估和核心胜任能力模型的塑造，企业薪酬激励和福利体系的设计，员工培训管理体系、员工职业生涯发展体系的内容设计等。

5. 监控和评估企业人力资源战略规划

在企业人力资源战略规划的实施过程中，需要不断监控人力资源战略规划的具体落实情况，不断收集人力资源管理方面的资料和信息，查看人力资源战略规划是否与企业的发展战略相匹配，是否与企业的人力资源体系模块的设计相匹配，以及人力资源管理各体系模块建立的合理性和可操作性。同时，在企业人力资源管理体系实施的一个相对周期内，对人力资源战略规划实施情况进行必要的分析和评估，并根据企业内外部环境的变化来调整人力资源战略规划的内容，以适应企业整个发展战略的变化。

总之，人力资源战略规划的目的是通过制定规划来保证企业人力资源战略符合企业战略和不断发展的需要。要管理好企业的人力资源，就必须制定相应的人力资源战略规划，并且按照科学的程序来制定和实施，最终将人力资源战略规划的内容变成真实的行动，从而不断提升企业的人力资源管理水平和企业整体管理水平，达到实现企业发展战略目标，提高企业经营绩效的目的。

（二）人力资源人员规划的编制

1. 人员配置计划的编制

企业的人员配置计划要根据企业的发展战略，结合企业工作岗位制定的工作说明书和企业人力资源盘点的情况来编制。人员配置计划的主要内容应包括企业每个岗位的人员数量、人员的职务变动情况、职务空缺数量及相应的填补办法等。

2. 人员需求计划的编制

预测人员需求是整个人员规划中最困难、最重要的部分，因为它要求编制人员以理性的、高度参与的方式来预测并设计方案，解决未来经营、管理以及技术上的不确定性问题。人员需求计划的形成必须参考人员配置计划。人员需求计划中应阐明企业所需的岗位（职位）名称、所需人员数量，以及所需人员的素质等内容，最好能形成一个含有工作类别、员工需求数量、招聘成本、技能要求，以及为完成组织目标所需的管理人员数量和层次的计划清单。

3. 人员供给计划的编制

人员供给计划是人员需求计划的对策性计划，是在人力资源需求预测和供给预测的基础上，平衡企业人员的需求和供给、选择人员供给方式（如外部招聘、内部晋升等）的完整的人员计划。它包括人员招聘计划、人员晋升计划和人员内部调动计划等。

4. 人员培训计划的编制

在选择人员供给方式的基础上，为了使员工适应工作岗位，制订相应的培训计划，对员工进行培训是相当必要的。人员培训包括两种类型：一是为了实现提升而进行的培训，比如管理人员的入职前培训；二是为了弥补现有生产技术的不足而进行的培训，如新进员工接受的岗位技能培训。从这一角度说，人员培训计划是作为人员供给计划的附属计划而存在的。

培训计划包括培训政策、培训需要、培训内容、培训形式、培训考核等内容。

（三）人力资源组织规划的编制

为了使企业适应内外部条件的变化，顺利地成长和发展，应当及时对企业的组织结构进行调整，这是企业发展战略中的关键性课题之一。

1. 组织结构诊断

（1）组织结构调查。

本阶段需要对组织结构的现状和存在的问题进行充分调查，以掌握真实资料和情况。可以系统地反映组织结构的资料主要有以下三个：

第一，工作岗位说明书。它包括企业各类岗位的工作名称、职能、权限、责任、薪金、级别，以及该岗位同其他岗位的关系等。

第二，组织体系图。组织体系图是指用图形来描述企业各管理部门或某一部门的职责、权限及其相互关系，一般常采用金字塔式的体系图。

第三，管理业务流程图。管理业务流程图是指用图解方法来表示某一管理业务的工作流程，如物资采购流程、设备工具维修管理流程等。它主要包括：业务程序，即某项管理业务的标准化的工作内容及顺序；业务岗位，即根据程序及分工协作要求而设置的各个工作职位，以及它们之间的相互关系；信息传递，即岗位之间信息传递的形式（如申请单、说明书、明细表、计划表、原始凭证等）、路线等；岗位责任制，即各岗位的责任、权限及考核指标等。

（2）组织结构分析。

通过分析研究，明确现行组织结构存在的问题和缺陷，并为提出改进方案打下基础。组织结构分析主要包括以下三方面内容：

第一，内外部环境变化引起的企业经营战略和目标的改变。如需要增加哪些新的职能、哪些原有的职能需要加强、哪些原有的职能可以取消或合并等。

第二，确定哪些是决定企业经营的关键性职能，明确后应置于组织结构的中心地位。

第三，分析各种职能的性质及类别。职能的性质及类别有多种：产生成果的职能，如产品的制造、销售和开发；支援性职能，如质量和财务监督、教育和培训、法律咨询等；附属业务，如医务卫生、环境绿化及饮食供应等，有条件的可以实行社会化。通过分析职能的性质和类别，使成果性职能的配置在非成果性职能之上。

（3）组织决策分析。

为实现企业目标，组织应当做哪些决策？是何种类型的决策？这些决策各由哪个管理层次来做？决策制定涉及哪些有关部门？谁是决策的负责人及参与者？决策做出后应通知哪些部门？这些问题都需要一一考虑，其中在分析决策应当放在哪个层次或部门时，要考虑的因素如下：

第一，决策影响的时间。如果某项决策的后果仅仅影响当前一段较短的时间，则可放给较下层的层次或某个具体部门。

第二，决策对各职能的影响。如果仅仅涉及某一职能，则由最低层次决策即可；如果影响到多个职能，应由能全面照顾各方面的较高层次来决策。

第三，决策者应具备的能力。做决策的层次要有决策者所需的知识面、经验、信息资料和分析问题的能力。复杂的和战略性的决策需放在较高的层次。

第四，决策的性质。常规性、重复性的决策可交给较低层次，例外性、非程序性的决策应放在较高层次。

（4）组织关系分析。

如分析某个单位会同哪些单位和个人发生联系、要求别人给予何种配合和服务、它应对别的单位提供什么协作和服务等。

通过上述的详尽分析，就会发现问题，为制定和改进组织结构设计方案提供可靠的依据。

2. 实施结构变革

（1）企业组织结构变革的征兆。

组织结构变革需要较长时间才能见效，企业领导者必须善于抓住组织结构需要变革的征兆进行改革。变革的征兆主要有以下几点：

第一，企业经营业绩下降，如市场占有率降低、产品质量下降、成本增加、顾客意见增多、缺少新产品等。

第二，组织结构本身弊端的显露，如决策迟缓、指挥不灵、信息不畅、机构臃肿、管理跨度过大、人事纠纷增加等。

第三，员工士气低落，不满情绪增加，合理化建议减少，员工的旷工率、病假率、离职率增高等。

（2）企业组织结构变革的方式。

第一，改良式变革。即日常的小改小革，修修补补。如局部改变某个科室的职能，新设一个职位等。这是企业常用的方式，这种方式符合企业的实际需要，变革阻力较小。

第二，爆破式变革。即短期内对组织结构进行的重大的根本性的变革。如两家企业合并，从职能制结构改为事业部制结构等。这种方式常因考虑不周，会造成员工丧失安全感、阻力增大等后果，因此必须十分谨慎地使用。

第三，计划式变革。即对改革方案经过系统研究，制定全面的规划，然后有计划、分阶段地实施。如企业组织结构的整合。这种方式比较理想，是现代组织设计理论所主张采用的。

（3）排除组织结构变革的阻力。

组织结构变革可能会招致各方面的抵制和反对，如工作效率下降、要求离职的人数增加、发生争吵与敌对行为、提出各种似是而非的反对变革的理由等。人们反对变革的根本原因：一是由于改革冲击了他们已经习惯了的工作方法和已有的业务知识和技能，使他们失去工作安全感；二是一部分领导与员工因循守旧，不了解组织变革是企业发展的必然趋势。为保证变革顺利地进行，应事先研究并采取以下措施：

第一，让员工参与组织变革的调查、诊断和计划，使他们充分认识变革的必要性和变革的责任感。

第二，大力推行与组织变革相适应的人员培训计划，使员工掌握新的业务知识和技能，适应变革后的工作岗位。

第三，大胆起用具有开拓创新精神的人才，从组织方面减小变革的阻力。

3. 企业组织结构评价

对变革后的组织结构进行分析，考察组织变革的效果和存在的问题，将相关信息反馈给变革实施者，修正变革方案，为以后的调整做好准备。

4. 企业组织结构的整合

组织结构整合是企业最常用的组织结构变革方式，是一种计划式的变革。

（1）企业结构整合的依据。

按照整分合原理，在总体目标指导下进行结构分化，明确各部门、各层次、各岗位的职能，这只是组织设计的第一步；紧接着必须对已做的职能分工进行有效的整合，才能使整个组织结构处于内部协调的状态，保证企业总体目标的实现，企业结构整合便是组织设计的第二步工作。结构整合主要解决结构分化时出现的分散倾向和实现相互间协调的要求。因为经过结构分化，各部门、各层次、各岗位、各职位的职责明确，也必然会产生各自不同的要求。在这种情况下，就会出现某种程度的矛盾及相互间的重复交叉和冲突，组织成员间还会出现离散现象。这就需要通过综合或整合，使企业组织上下畅通、左右协调。

（2）新建企业的结构整合。

在设计一个新建企业的组织时，结构整合主要指按规定的标准，对分解后的各部门、各层次、各岗位和各职位之间的关系进行修正和确认，排除那些相互重复和冲突的职责、任务，纠正那些不符合组织总目标的局部要求。这一工作可以通过结构分析图表来进行。由于这是在企业组织结构实际起作用之前进行的，因此难免带有理想化的色彩。这个整合的结果是否合理，还需要经过实践的检验。

（3）现有企业的机构整合。

在对现有企业进行组织结构的重新设计和整合时，应该首先对原有结构分解的合理性进行分析，检查其是否存在不协调的问题。通常，企业组织结构内部的不协调会从以下几方面表现出来：第一，各部门间经常出现冲突。第二，存在过多的委员会。建立委员会本来是整合的表现，是用来解决部门间协调问题的，如果这种委员会过多，说明结构分解未能最大限度地分清各部门、各职位的职责。高层管理部门屡屡充当下属部门间相互冲突时的裁判和调节者。第三，组织结构本身失去了相互协调的机能，全靠某个有特殊地位的人或权威来协调。

如果上述现象不是十分明显或不严重，整合可以在原有结构分解的基础上进行，或对原有结构分解做局部调整，重点放在协调措施的改进上；如果上述现象严重，则应首先按结构分解的原则和要求重新进行结构分解，在此基础上再做整合。

（5）企业结构整合的过程。

第一，拟定目标阶段。组织设计人员预先制定出组织的目标，以使结构分化有遵循依据。它是整分合中"整"的阶段。

第二，规划阶段。当组织分化已经出现了某些消极现象，如部门、单位间的冲突和不恰当竞争，就需要通过组织规划和其他资源的运用来达到整合的目的。组织规划主要是通过各种程序重新建立目标，或者通过改变组织成员的某些行为来达到整体目标。在例外性事件超出原结构的负荷能力时，可放宽预算目标，动用后备资源。

第三，互动阶段。这是执行规划的阶段。

第四，控制阶段。在组织运行过程中，出现某些人不合作的倾向时，需要进行有效的控制，以保证目标和规划的最终实现。

三、编制人力资源规划的注意事项

第一，充分考虑内外部环境的变化。人力资源规划只有充分地考虑了内外部环境的变化，才能适应组织的需要，真正做到为组织的发展目标服务。内部变化主要指销售的变化、开发的变化，或者说组织发展战略的变化，还有公司员工的流动变化等；外部变化主要指社会消费市场的变化、政府有关人力资源政策的变化、人才市场的变化等。为了更好地适应这些变化，在对人力资源进行规划时应该对可能出现的情况做出预测。

第二，尽快建立完善的人力资源信息系统。建立完善的人力资源信息系统是指组织对有关人员及其工作方面进行的信息收集、保存、分析和报告的过程。对一个具有一定规模的组织来说，人力资源信息的计算机存储是必需的。管理者在做决策时，往往需要准确、及时的相关信息资料，如果没有现代化手段的运用，效率会非常低。

第三，将部分传统的人力资源管理职能外包。专业化的分工大大促进了社会的发展，企业从根本上说也是专业化分工的产物。在分工越来越细、效率不断提高的今天，企业内部的许多行政事务都可以交由专业化的公司来运作，如员工的招聘、培训、薪资设计等。通过将日常的管理工作外包给专业化程度更高的公司或者机构去管理，企业内部的人力资源管理者可以将更多的精力集中在对企业价值更大的管理实践开发以及战略经营伙伴的形成上。

第四，提高人力资源从业人员的素质。人力资源部门本身要懂得重点管理的原则，对日常事务能授权则授权，把大部分精力放在研究、预测、分析、沟通并制订计划方面。人力资源部门从以往的"行政支持"转变为"策略的筹划及执行者"，为业务部门提供增值服务，就需要了解组织的经营目标，了解各业务部门的需求，了解组织职能、产品、生产、销售、组织使命、价值观、组织文化，并围绕目标实现的高度来设计对员工的基本技能、知识和态度的要求，深入组织的各个环节来调动和开发人的潜能。因此，工作是否具有预见性、有无管理技能及对管理的操作能力成为衡量人事经理是否称职的重要标准。

第五，确保组织的人力资源保障。组织的人力资源保障问题是人力资源计划中应解决的核心问题。它包括人员的流入预测、流出预测、内部人员的流动预测、社会人力资源供给状况分析、人员流动的损益分析等。只有有效地保证了对组织的人力资源供给，才可能去进行更深层次的人力资源管理与开发。

第六，人力资源规划要注重对组织文化的整合。组织文化的核心就是培育组织的价值观，培育一种创新向上、符合实际的组织文化。在组织的人力资源规划中必须充分注意组织文化的融合与渗透，保障组织经营的特色，以及组织经营战略的实现和组织行为的约束力。只有这样，才能使组织的人力资源具有延续性，具有自己的符合本组织的人力资源特色。国外一些大公司非常注重人力资源战略的规划与组织文化的结合。如松下的"不仅生产产品，而且生产人"的组织文化观念，就是组织文化在人力资源战略中的体现。

第七，人力资源规划要使组织和员工都得到长期的利益。人力资源规划不仅是面向组织的规划，也是面向员工的规划。组织的发展和员工的发展是互相依托、互相促进的关系。如果只考虑了组织的发展需要，而忽视了员工的发展，则会有损组织发展目标的达成。好的人力资源规划，不仅是能够使组织和员工得到长期利益的规划，而且是能够使组织和员工共同发展的规划。

第四节　人力资源规划的执行和调整

一、人力资源规划的执行

有了人力资源规划方案后，进入运用和实施阶段，就要求对人力资源规划的实施过程进行有效控制，主要包括以下内容：

（一）人力资源供应控制

预测人力资源供应需要考虑方方面面的因素，如技术改进，消费模式及消费者行为、喜好、态度的改变，本地及国际市场的变化，经济环境及社会结构的转变，政府法规政策的修订等。通过认真分析企业内部和外部的人力资源供应源，并利用人员替代图及个人技能目录等鉴定企业内现有的人力资源，进而对人力资源供应状况进行控制。

（二）人力资源的合理利用

除了分析企业内部人力资源供给的情况外，还需要对现有的人力资源能否充分利用加以分析。

1. 员工年龄分布

企业内员工的年龄分布情况对于员工的工资、升迁、士气及退休福利等影响极大。例如，一个已踏入成熟期或持续收缩期的企业，其员工的年龄普遍偏大，老年员工占较大的比例，由于工资与年龄有关，所以员工工龄越长，工资越高。另外，对于退休福利与接班人的需求问题也较严重，此外还会影响到其他职工的升迁机会、进取态度及工作士气。

2. 缺勤分析

缺勤通常包括病假、事假、怠工、迟到、早退、工作意外、离职等。若管理者能留意这些缺勤指标的有关数据，预测未来的缺勤情况，就会对未来的人力供给有较切合实际的分析。假如缺勤情况严重，就应对缺勤因素加以分析并改善，使得现有人力资源得以充分发挥作用。

3. 员工的职业发展

指导员工规划好他们个人的前程，为他们提供充分发挥潜能的机会，是挽留人才的有效方法之一，也是人力资源规划中重要的一环。帮助员工了解到他们可以获得某些职位或晋升的机会，会使他们对前途充满合理的期望。

4. 裁员

当企业内部需求减少或供过于求时，便出现人力过剩，那么裁员是无法避免的，这也是国际上通行的做法。裁员对企业来说是一种浪费，因为它损失了已经培养过的人才，无论对企业现有员工，还是对被解雇的员工都是很大的打击。一个好的人力资源规划不应该有人力资源过剩的现象出现，即使需要裁员也可以通过其他方法来平稳人力供求，如给予补偿金、鼓励年老员工提前退休、给青年员工提供培训的机会以转迁到其他工作单位等。

二、人力资源规划的调整

（一）人力资源规划调整的必要性分析

企业是处于不断变动的状态下的，发展的各个阶段都需要适合的人力资源规划，而且人力资源规划一旦制定，也不是静止不变的，其本身也处于不断发展与调整的状态之中。这具体体现在以下两个方面：

其一，人力资源规划的参考信息具有动态性。企业需要根据内外部环境的变化和企业自身战略的调整，经常性地调整人力资源规划。

其二，对规划的执行要具有灵活性。在执行规划的过程中，当企业所处的内外部环境发生一些变化时，战略目标也应据此做出相应的调整。因此，具体规划措施是适应这些调整随时变动的，规划的执行也需要随时进行调整。

（二）人力资源规划的调整措施与应变手段

针对内部劳动力的需求和外部人力资源条件的变化，企业应对自身的战略进行调整，而根据调整了的企业战略，人力资源规划也应进行相应的调整，因此，企业应积极主动采取相应的调整措施和应变手段。企业采取的调整措施与应变手段往往有以下三种方式：

1. 常规方式

常规方式即企业按照以前程序性的处理方法来对付出现的问题，这种方式也是企业在实施人力资源规划监控与评估中采用最多的一种方式。采用这种方式的前提是执行过程中出现的问题属于以往也出现过的常见问题，或者说是执行过程中必然出现的问题。比如，裁员后出现的员工士气变化的问题。这类问题是执行裁员决策时出现的常见的问题，只要不出现影响企业稳定性的剧烈变动，都可以用常规方式来解决。

2. 专题解决方式

专题解决方式即高级经理人专门针对人力资源规划实践中出现的问题进行专题分析、突击解决的一种方式。此方式的优点是能做到反应迅速。对于一些难点问题，或者涉及企业战略层面的问题，比如内外部环境的变动引起了企业战略的调整，这类问题就需要高级经理人甚至企业最高层与人力资源部门一起进行专题研究，共同商讨恰当的方法来解决。

3. 专家模型方式

专家模型方式即根据其他企业实施人力资源规划的经验和本企业的具体情况，企业有关专家对可能出现的问题建立专家应急模型，当有关问题真的出现时，企业能及时应对。对于一些不可预料的情况，依靠常规解决方法以及企业自身力量很难解决的时候，可以考虑使用外部人力资源，如聘请专家团队进行应急处理。这种应变手段是企业在进行人力资源规划监控与评估过程中，在出现最严重的问题和困难时，企业需具备的一种应变手段。这种手段实际是一种补救措施，可以帮助高级经理人处理棘手的或不熟悉的情况。当然，在人力资源规划的具体执行过程中，在重视专家意见、高级经理人和人力资源部门的意见的基础上，企业还需要重视其他成员的意见，以发现在自己所在的职位上很难发现的一些微妙的深层次的问题，并将这些问题纳入政策调整的考虑中，及时调整人力资源规划与政策。例如，定期对员工进行访谈，了解他们工作中遇到的困难，尤其是了解为什么现有的制度和管理方式不能解决他们工作中的困难，了解现有政策执行中的缺陷，如果涉及的问题比较敏感，可以通过匿名问卷了解。

企业的人力资源规划不是设计未来的发展趋势，而是顺应与尊重现实以及未来的发展趋势，面对瞬息万变的信息和技术革新，以及纷繁复杂的市场需求，改变在管理上、经营上的滞后现象。因此，必须在实际工作中注意跟踪环境和要求的不断变化，灵活调整和完善企业的人力资源规划，这样才能保障人力资源规划的科学性、可行性和动态发展性。

第三章 职位分析与职位评价

第一节 职位分析

一、职位分析的概念理解

职位分析又称工作分析、岗位分析、岗位研究等。《辞海》中的"工作"用作动词，指"从事体力或脑力劳动"；用作名词指"职业、业务"。分析的释义是"把一事物、现象、概念分成较简单的组成部分，找出它们的本质属性及其间的联系"。由此，工作分析也许可以简单地理解为：将工作分解为较简单的组成部分——工作要素，找出各工作要素的本质属性并分析它们之间联系的过程。

职位分析是人力资源管理系统的一项基础职能，它是一个通过采用科学的方法和技术，对组织中各个职位的特征、规范、要求、流程以及对胜任各职位工作的员工的素质、知识、技能等要求进行描述的过程，职位分析的成果是职位说明书，主要包括职位描述和职位要求两部分内容。

职位分析这一概念包含如下内涵：首先，职位分析是人力资源管理的基础职能，是企业进行其他人力资源职能管理的参考依据；其次，职位分析是一种技术，有规范的程序和方法；再次，职位分析是一个过程，是对有关工作信息进行收集和分析的过程；最后，职位分析的结果是职位说明书，包括对职位的说明和对任职资格的说明。

二、职位分析的意义与作用表现

（一）职位分析在企业管理中的意义表现

第一，支持企业战略。人力资源管理的战略导向是现代企业人力资源管理的发展趋势，职位分析作为企业人力资源管理的基础职能，对促进企业战略目标的实现发挥重要作用。

第二，优化组织结构。组织结构应该随组织所处环境的变化以及组织战略的变化而改变，不断更新的职位分析的结果可以帮助组织及时了解组织结构上的弊端、及时调整组织结构，以适应这些变化。

第三，优化工作流程。职位分析可以帮助管理者认识某一特定工作的角色、权限以及在整个工作流程中的地位，从而取消不必要的职位，优化工作流程，提高效率。

第四，优化工作设计。职位分析明确了每项工作的内容、职责、工作范围等，从而可以避免工作设计中的职责重复和职责空缺等问题。

第五，改进工作方法。职位分析所总结的某一岗位的操作标准可以促使该岗位工作方法欠佳的员工改进工作程序和方法，提高效率，降低成本。

第六，完善工作相关制度。职位说明书对组织中每一个职位的特征以及职位之间的关系都进行了详尽的说明，有利于组织根据职位说明书改进相关工作规范，明确相应职位的任职要求。

（二）职位分析在人力资源管理系统中的作用

现代企业人力资源管理的一个发展趋势是强调人力资源管理各功能模块的整合，而职位分析是人力资源系统内在各功能模块进行整合的基础与前提。在职位分析的基础上形成的职位说明书是影响其他人力资源管理工作的关键性要素。

1. 职位分析与人力资源规划

职位分析是人力资源规划的基础，职位分析旨在确定某项工作的任务和性质是什么以及应寻找具备何种资格条件的人来担任这一工作，掌握适时的岗位变化并及时地预测组织中潜在的人员过剩或人力不足，通过对组织内各部门各项工作的分析，可以得到组织现阶段及未来对人力资源需求的数量、质量和结构，进而进行组织的人力资源规划。

2. 职位分析与员工招聘

通过职位分析形成的职位说明书对某类工作的性质、特征以及担任该工作应具备的资格、条件，都有了详尽的说明和规定，这就使人力资源管理部门在招聘员工时有据可依，在进行选拔时制定出正确的考试题目和内容，有助于客观公正地评价应聘者，提高了选择的信度和效度，避免了盲目性。根据职位说明书为组织招聘到的人员也许不是最好的人员，但却是最适合该岗位要求的人员。

3. 职位分析与人力资源培训开发

职位分析可以为员工培训和开发提供标准和依据：

（1）根据职位说明书所规定的特定职位对任职者素质的具体要求，考察现有员工的实际情况，在对比分析二者差距的基础上，确定是否需要对现有员工进行培训，以及应该在哪些方面进行培训。

（2）职位分析能够指引组织的培训方向，帮助组织编制出以完成工作岗位的工作任务和员工需要为核心的、真正符合企业目标和特殊环境需要的培训课程。

（3）在员工培训的过程中，职位说明书可以为培训人员提供培训工作的控制标准，指导培训的内容、方向和质量。

4. 职位分析与绩效管理

职位分析指导着绩效考核指标的制定。根据职位分析对职位工作职责的描述，我们可以了解每一项工作职责的产出，也就是成果，企业通过对这些成果从不同方面进行评估来确定某项工作的价值。对工作产出从几个不同方面设定的评估标准，即为绩效指标。绩效指标使接下来的绩效评估有据可依并且比较客观，保证了绩效管理的有效。

5. 职位分析与薪酬管理

随着企业管理的科学化、规范化，职位评价逐渐成为薪酬管理的重要依据，而职位评价是根据职位分析的成果——职位说明书提供的责任大小、管理幅度、工作技能、工作环境条件等指标进行的，所以说，职位分析是薪酬管理的间接基础，职位说明书使企业制定公正的薪资待遇标准成为可能。

6. 职位分析与员工职业生涯规划

员工通过学习职位说明书，能清楚了解自身的工作以及工作的重要性，掌握完成这些工作的正确方法，认识到自己的优点和不足，明确自己以后的发展方向以及职业发展所需的知识、技能和能力，形成自觉意识，制定个人的职业生涯规划。

三、职位分析的流程及成果

（一）职位分析的基本流程

职位分析是一项系统化的工程，科学实用的职位分析流程能有效地指导组织的职位分析活动，职位分析的基本流程可以概括为以下五个阶段：即准备阶段、调查阶段、分析描述阶段、应用阶段和控制阶段，在每一阶段里，又包括若干步骤。前四个阶段依次进行，控制阶段贯穿职位分析工作的始终，职位分析的每个阶段、每个步骤都要有控制，只有有效的控制才能确保职位分析的各项工作不偏离主题。

（二）职位分析的成果——职位说明书

职位说明书是职位分析的重要成果，是现代组织人力资源管理不可缺少的基础性文件，一般包括职位描述和职位要求两个部分。职位描述是组织对各类职位的性质、特征、工作任务、职责权限、职位关系、劳动条件和环境等所做的统一规定，以职位的"事"和"物"为中心。职位要求是对组织中各类职位任职员工的教育程度、工作经验、知识技能、心理特征等做的统一规定。

职位分析以职位、任职者为研究对象，它所形成的职位说明书是联系人力资源管理各职能的纽带，是实现企业规范化管理的一项基础性工作。职位分析的根本目的是提高人与职位的适应性，提高人力资源开发与管理的有效性，最终提高组织工作和生产的效率。

第二节　职位评价

职位评价是介于职位分析与薪酬设计之间的一个环节，职位评价的依据是职位分析的结果——职位说明书，而职位评价的结果是科学、合理地设计薪酬制度的依据。

一、职位评价的特点及意义

（一）职位评价的特点

职位评价是在职位分析的基础上，按照一定的客观衡量标准，对职位所需承担的责任、任职条件、健康损害/智力付出等因素进行系统衡量、评比和估价从而确定职位相对价值的过程。职位评价具有以下几个特点：

第一，职位评价的中心是客观存在的"工作"，而不是"员工"。它是对工作职位的工作任务进行评价，而不是对工作职位的任职者进行评价，所以，在进行职位评价时，不要掺杂对在职人员的主观印象。

第二，职位评价是对企业各类职位的相对价值进行衡量的过程。它是根据预先规定的衡量标准，对工作职位的特定工作任务对组织的价值逐一进行比较、评价，进而得到职位在组织中相对价值的过程。

第三，职位评价的结果比较稳定。企业的发展目标、组织结构、岗位设置等均具有一定的稳定性，因此，职位评价的结果也具有一定的稳定性，即使岗位设置有小范围的变动，原有的职位评价体系也无须重新建立。

第四，职位评价是建立在综合运用多种学科知识的基础上的。职位评价需要运用多种学科的理论和方法，如现代数学、工时研究、劳动心理、心理卫生、人机工程学和环境监测等，只有这样，才有可能对多个评价因素进行准确和科学的评定。

第五，职位评价是一个动态的系统，它需要根据企业战略、组织结构、人力资源市场供求关系等因素的变化进行调整，因此企业在设定职位评价系统后，应有一个年度调整计划。

（二）职位评价的意义及作用

职位评价是一项基础的人力资源管理工作，它把劳动者负荷与紧张的概念抽象化，把职位系统化，使职位之间具有可比性，不但对于企业的人力资源管理具有重要的意义，而且对于整个组织也具有十分重要的作用。

第一，组织通过职位评价使得组织的战略意图得以有效地传递，从而达到支撑组织战略实施和促进组织使命达成的目的。

第二，职位评价为企业建立薪酬制度提供了客观依据。有职位评价的结果作为基础，企业在制定薪酬制度时，可以不再单纯依靠外部劳动力市场控制的工资率，而可以根据企业的实际情况，参考外部市场行情，采用不同的薪酬策略，科学地制定本企业的薪酬制度。

第三，职位评价提高了组织内部管理层与员工之间就工作和工资问题的一致认识。工作的重要性问题以及工资的高低问题始终是管理层和员工争论的焦点之一，这个问题如果处理得不好，将直接影响到组织的工作气氛、员工的工作热情和积极性。毫无疑问，组织按照科学的方法设置的所有职位都有其存在的必要性，对于组织而言，这些职位都是维持组织正常工作、正常运转所不可缺少的。但是，各个职位的重要性也会由于职位工作、职位主持人、职责与职权、环境、激励与约束机制五要素的不同而有差异。职位重要性的不同导致了职位工资的不同，因此，对组织的管理层和员工来说，如何判定一个岗位的重要性尤为重要。职位评价运用规范的操作流程和科学的操作方法最大限度地保证了评价结果的公开性和公平性，提高了通过职位评价确定的工资方案得到管理层和员工一致认可的可能性。

第四，职位评价为员工的职业发展提供指引。职业评价使企业内部建立起了一些连续的等级，便于员工明确自己发展和晋升的途径，从而引导员工不断发展。

二、常用的职位评价方法

常用的职位评价方法有职位排序法、职位分类法、因素比较法和要素计点法四种。

（一）职位排序法

职位排序法（Job Ranking）是指由经过培训的有经验的测评人员，根据一些特定的标准如工作的复杂程度、对组织贡献的大小等对各个岗位的相对价值进行整体比较，进而得出所有职位序列的一种方法。

（二）职位分类法

职位分类法（Job Classification）是在职位分析的基础上，按照工作性质的相似性将企业职位划分为不同的职位族，再根据职责大小和任职资格划分出若干层级，在此基础上，采用通用要素和个性要素将待评估的职位放入事先确定好的不同职位等级之中的一种职位评价方法。

（三）因素比较法

因素比较法（Factor Comparison）是按确定的评价因素对选定的标准职位进行评分定级，制定出标准职位分级表，将非标准职位与标准职位分级表进行对比并评价相对位置的方法。

因素比较法最初是要素计点法的一个分支，体现了要素计点法的一些原则，二者的主要区别在于因素的分配形式和工作等级转换成工资结构的方法不同，此外，因素比较法中因素的数量通常比要素计点法中的少。也有人认为，因素比较法是对职位排序法的一种改进，它与职位排序法的主要不同是：职位排序法是从整体的角度对职位进行比较和排序；因素比较法是选择多种报酬因素，按照各种因素分别进行排序。本书认为，因素比较法是一种混合方法，兼有职位排序法和要素计点法的特征。

（四）要素计点法

要素计点法（Point Method）是目前国内外应用最广泛的一种职位评价方法。所谓要素计点，就是选取若干关键性的价值要素，并对每个要素的不同水平进行界定，同时给各个水平赋予一定的分值，这个分值也称为"点数"，然后按照这些关键的价值要素对职位进行评估，得到每个职位的总点数，以此决定职位的价值。

同职位分类法相比，职位分类法的等级是针对职位的，包含的范围较广，而要素计点法中所设定的等级是针对每个价值要素的，更加具体、精确。要素计点法的实施步骤包括：确定要评价的职位；搜集职位信息；选择关键价值要素；界定价值要素；确定要素等级；确定要素的相对价值；确定各要素等级的点值；编写职位评价指导手册和进行职位评价。

（五）海氏职位评价法

海氏（Hay）职位评价法认为，一个职位之所以能够存在的理由是必须承担一定的责任，即该职位的产出。那么通过投入什么才能有相应的产出呢？担任该职位人员的知识和技能。具备一定"知能"的员工通过什么方式来取得产出呢？是通过在工作中解决所面对的问题，即投入"知能"通过"解决问题"这一生产过程，来获得最终的产出"应负责任"。海氏评估法对所评估的职位按照以上三个要素及相应的标准进行评估打分，得出每个职位的评估分，即职位评估分＝知能得分＋解决问题得分＋应负责任得分，进而得到职位评价的结果。

海氏职位评价法综合了因素比较法和要素计点法的特色，使用该方法进行职位评价的精确度和合理性比较高；但这种方法操作过程复杂、需要专家的参与、成本较高。该方法适用于管理类和专业技术类的职位。

（六）美世职位评价法

美世（Mercer）职位评价法是由总部设在美国的全球最大的人力资源管理咨询公司——美世咨询公司开发的一种职位评价工具，它是目前市场上最为简便、适用的职位评价系统。该套系统包括影响、沟通、创新和知识4个因素，10个纬度，104个级别。由于该套系统在进行具体的职位评价之前，首先要对企业的规模按照销售额、员工人数和组织类型进行调整，所以它可以把全球不同行业不同规模不同类型的企业置于同一平台上进行比较，它还适用于比较大型集团企业中各个分子公司的职位。

第四章　员工招聘、甄选与录用

第一节　员工招聘

招聘是企业吸收与获取人才的过程，是获得优秀员工的保证。招聘实际上包括两个相互独立的过程，即招募和选拔聘用。招募是任用的前提和基础，选拔聘用是招聘的目的和结果。招募主要是通过各种渠道及宣传来扩大影响，树立企业形象，达到扩大企业影响，从而吸引人才的目的，选拔聘用则是使用各种测评技术及选拔方法，挑选适合特定岗位员工的过程。

简而言之，招聘是指企业为了生存和发展，依据人力资源规划和工作分析所确定的岗位需求，采用一定的方法，及时、足量地吸引具有合适资质的个人前来组织求职，并从中选拔出合适的人员予以录用的管理过程。

一、员工招聘的基本原则

一是公开原则。公开原则是指将招聘单位、部门及岗位需求、岗位任职资格、报考资格、条件及考察方式等均面向社会公开进行。一方面，给予求职者公平竞争的机会，达到广揽人才的目的；另一方面，使招聘工作置于社会的监督之下，防止不正之风。

二是平等原则。平等原则是指对所有报考者一视同仁，不得人为地制造各种不平等的限制条件（如性别、地域歧视），以及各种不平等的优先政策。

三是全面原则。全面原则是指对应聘者的品德、知识、能力、心理素质和过去的工作经验进行全面的考察与评价。因为一个人能否胜任某项工作或者职业发展前途如何，是由多种因素决定的。

四是人岗匹配原则。人岗匹配原则是指应聘者的知识、技能、能力等素质应与应聘岗位相契合，使应聘者能够胜任岗位的各项工作，最大限度地发挥其才能。

五是效率原则。效率原则是指根据不同的招聘需求，灵活选取恰当的招聘方式，用尽可能低的招聘成本录用高质量的员工。

六是守法原则。人才招聘与选拔必须遵守国家的法律法规，杜绝聘用过程中的违法行为。

二、员工招聘渠道的选择

当企业出现职位空缺需要招聘员工时，首先必须明确招聘对象的来源。根据招聘对象的来源，企业招聘渠道可以分为内部招聘和外部招聘。

（一）内部招聘

内部招聘是指从企业内部人力资源中选拔出合适的人员补充到空缺或新增的岗位上去的活动。实际上，组织中绝大部分空缺的岗位都是由企业的现有人力资源补充的，因此，内部招聘成为企业招聘工作中最重要的渠道。常用的内部招聘的方法有推荐法、档案法和布告法。

1. 推荐法

推荐法是指企业通过其内部员工或者外部客户、熟人等的推荐来进行的招聘。推荐法既可用于内部招聘，也可用于外部招聘。一般来说，由于推荐人对企业工作和被推荐人自身情况都有较为充分的了解，因此能够从一定程度上提高招聘的效率和准确性。

2. 布告法

布告法就是以公告的形式在公司公告栏或者内部网站上发布出现空缺岗位的信息的方法。招聘公告应具体说明岗位的性质、任职资格、工作时间和薪酬待遇等相关情况。对于企业来说，这种做法可以增加企业内部的人岗匹配度，提高企业人力资源的使用效率；但同时，由于企业内部人员有限，可能带来某些岗位因缺乏合格的候选者而长期空缺的状况。

3. 档案法

员工的档案信息提供了员工的工作经历和技术状况，有助于招聘人员确定企业内部是否有合适人选，可以通过进一步接触了解他们的工作意愿。这种方法可以较为迅速地在整个公司内部发掘合适的候选人。

（二）外部招聘

内部招聘由于人员选择范围较为局限，往往不能满足企业对人力资源的需求，尤其是当企业处于快速发展期，或者需要特殊人才时，仅有内部招聘是不够的，企业还必须采用外部招聘的方式，从外部劳动力市场获取所需人员。外部招聘的主要方法有广告招聘、职业中介机构、校园招聘、网络招聘、特色招聘等。

1. 广告招聘

通过广告媒体的形式向社会公开招聘人才是目前企业中运用最为广泛的人才招聘方式之一。这种招聘方式具有方便快捷、信息面大等优点，可以较为迅速地吸引大批求职者前来应聘，但是具有费用比较高等缺点。常见的广告媒体有电视、报纸、杂志等多种媒介类型。媒介类型的选择主要取决于公司招聘职位的类型，如当地报纸一般是招聘蓝领和底层行政人员的最好方式。总之，企业在考虑选取何种广告媒体时，首先要考虑的是媒体本身承载信息传播的能力。

2. 职业中介机构

职业中介机构承担着既为企业招聘人才，又为求职者寻找工作的双重角色。职业中介机构有多种类型，如人才交流中心、招聘洽谈会、猎头公司等。通过职业中介机构进行的招聘具有其自身的优势和劣势。

一方面，由于职业中介机构是专门从事人才招聘工作的，一般都拥有自己的人才资料库，掌握着大量求职者的信息，因此借助这些中介机构进行招聘，可以帮助企业节省大量的时间和成本，从而提高招聘活动的有效性。

另一方面，由于大部分中介机构属于商业性机构，企业必须支付较高的中介费用（比如猎头公司），在一定程度上增加了企业的招聘成本。另外，由于职业中介机构不完全熟悉招聘企业的情况，可能使得招聘到的人员不符合企业的岗位需求。

3. 校园招聘

校园招聘是指企业派招聘人员到大中专院校招聘应届毕业生的方法。大学的研究生、本科生和专科生是管理培训人员和工程技术人员的重要来源。校园招聘可以使招聘双方有较为充分的了解，提高招聘的效率；另外，校园招聘可以帮助企业招聘到年轻的优秀人才，给企业发展注入活力。但校园招聘也存在一定的局限。

校园招聘有一定流程，整个招聘过程可分为三个阶段：

第一阶段：准备阶段，要做的工作有确定招聘职位和人数、成立招聘小组、联系招聘学校、准备相关资料。

第一，确定招聘职位和人数。这是招聘应届生的前提，只有确定了招哪些职位的储备人才，以及所需要招聘的人员数量，才能确定去哪些学校招聘，招聘哪些专业的学生。

第二，成立招聘小组。招聘小组最好由人力资源部部门经理负责，甚至主管人力资源部的副总经理负责。不要误以为招聘应届生是一件容易的事情，其实不然，比如安排一个刚毕业两三年的招聘专员负责面试，学生们会以为企业不重视招聘工作，甚至会认为企业不重视人才，而对该企业打负分。招聘小组的主要职责是准备招聘前期资料、制订招聘计划、实施招聘、面试等。

第三，联系招聘学校。招聘小组根据公司批准的招聘计划、历年接收的各校毕业生情况、本年度各校生源状况和各校往年毕业生在企业的表现等情况，选定相应的高校，在招聘工作具体实施前，招聘小组将招聘计划发送给各高校的就业指导中心，并与学校保持联系。

第四，准备相关资料。包括制定招聘政策（如招聘的整体实施、招聘纪律、招聘经费等）、明确小组内部分工、准备面试相关的表格、准备企业宣传资料等。

第二阶段：招聘实施阶段，要做的工作有发布招聘信息、收集和筛选应聘资料、测试与面试、录用。

第一，发布招聘信息。招聘信息的发布有以下三种方式：①在公司网站（包括各子公司网站）和校园网站上刊登招聘信息，介绍公司本年度应届毕业生的需求、用人标准、招聘程序、人力资源政策以及应聘方式等。②在校园内部张贴海报，进行企业介绍与宣传。③在校园举办招聘推介会，加强毕业生对公司的感性认识，并树立良好的公司形象，吸引潜在的应聘者（在校生）。招聘推介会上所用的资料，公司应事先统一准备，并且推介会上演讲的人员必须事先经过培训。

第二，收集和筛选应聘资料。对应聘人员的资料进行初审和筛选是招聘工作的一个重要环节，它可以迅速地从求职者信息库中排除明显不合格者，提高招聘效率。同时，也可以将所有求职者的资料进行记录并归档，为人力资源部事后的分析工作提供素材。应届毕业生自己提供的资料也许有虚假成分，招聘人员需要通过多种渠道去证实其真实性，如到所在院系进行核查等。

第三，测试与面试。测试既要准确有效，又要简便易行，可根据具体情况进行选择：①专业知识测试。招聘小组需在出发之前准备好各专业的测试试卷。②分析能力测试。事先准备一些案例，要求应聘者在规定的时间内答完。③无领导小组讨论。这是一种对应聘者集体面试的方法，应聘者较多时，最适宜采用这种方法。

有些职位所需的人员可能通过测试就能够判断，但是绝大多数职位还是需要借助面试来判断。面试前要准备好每个职位的面试考察要素、面试题目、评分标准、具体操作步骤等，并且统一培训面试人，提高评估的公平性，从而使面试结果更为客观、可靠，使不同应试者的评估结果具有可比性。由于应届毕业生没有工作经验，因此对他们的面试重点在于考察基本素质，即对潜质进行考察。

第四，录用。面试合格的人员可以确定为录用对象，根据应届生招聘的相关规定签订协议。但是，不是签订协议后就万事大吉了，还需要做好后期跟踪，因为优秀应届生很有可能被其他的企业看中，因此需要通过后期跟踪，打消他们另谋其他企业的念头。

第三阶段：应届生接收与跟踪阶段。

第一，应届生接收。人力资源部需要在网上或者通过其他方式，通知应届生公司的位置、乘车路线等，如有可能，可以派人去车站出站口设接待点。应届生到企业后，要热情接待，安排好他们的食宿，毕竟他们对社会还有陌生感。同时，尽快安排入职培训，让他们了解企业以及企业的运作，使他们尽快地融入企业。

第二，跟踪阶段。人力资源部要定期了解应届生的心态，听听他们的声音，及时给予帮助与引导。不能用对待社会招聘人员的方式对待应届生，他们需要更多的时间熟悉企业与本职工作，需要更多的理解与指导。企业始终要思考的一个问题是"如何让应届生在短期内完成从学校到企业的转变"，因为转变所花的时间越短，企业支付的培养成本越低，应届生也会越快为企业创造价值。

4. 网络招聘

越来越多的人开始在网上找工作，网络招聘逐渐成为一种趋势。网络招聘具有方便快捷、成本较低、信息传播范围广等优势。企业可以利用内部网站或者专业的职业招聘网站发布招聘信息，寻找合适的求职者。

5. 特色招聘

特色招聘指公司组织一些具有特色的招聘活动来吸引求职者的方法。比如接待日、主题活动等。

三、员工招聘的流程与步骤

员工招聘是招聘系统中的一个重要环节，其目的在于吸引足量的人前来应聘，使得组织有更大的人员选择余地。有效的人员招聘可以提高招聘质量，减少组织和个人的损失。具体来说，人员招聘的流程有以下三个步骤：

（一）制订招聘计划

招聘计划是招聘工作开展的主要依据，是组织依据发展目标和岗位需求对某一阶段招聘工作所进行的安排。科学的招聘计划对于整个招聘工作的开展以及人员招聘质量都具有重要意义。

1. 明确招聘人员的岗位及数量

一般来说，招聘人员的岗位及数量主要依据企业人力资源规划及岗位说明书中明确规定的人员需求信息来确定。另外，企业离职率带来的人员流失也是企业人员需求的来源之一。

2. 选择招聘方式

招聘方式的选择并不是凭空想象的，需要在明确具体招聘目标的前提下，综合考量招聘成本、时间等因素。

3. 明确招聘成本

招聘成本的计算公式：招聘成本=招聘总费用/招聘人数。

一般来说，企业招聘的总成本包括以下三个方面：

（1）人事费用。具体包括招聘工作人员的工资、补贴、差旅费和加班费等。

（2）业务费用。具体包括通信费、体检费、广告费（在电视、网络、报纸上等刊登的招聘信息）、信息服务费等。

（3）一般性开支。具体包括场地租用费、办公设备、水电费等。

4. 招聘实施部门与人员确定

招聘实施部门既包括用人部门，又包括人力资源部门。招聘实施中，特别要注意对招聘工作人员的挑选和培训。例如，前往大中专院校设立招聘会或咨询会的企业，其直接目的是吸引优秀毕业生加盟企业，进而间接地提高企业在学生中的知名度。招聘者是应聘者了解企业的第一个渠道，他们的办事效率和人员素质都向应征者传递着企业理念和文化信息。因此，企业应挑选有经验、熟悉组织内部情况和岗位，且表达能力强、形象较好的人员作为招聘者。除此之外，还应针对每次招聘的具体要求对招聘者进行培训，以确保招聘工作的顺利进行。

（二）执行招聘计划

1. 制定招聘简章

招聘简章的基本内容应包括标题、招聘公司或企业简介、招聘岗位、待遇、人数及招聘对象，以及应聘的具体时间、地点、联系人等。

一份好的招聘简章应该充分显示企业对人才的渴求和吸引力，并且能够突出组织特色。一般来说，它的基本要求如下：

（1）招聘对象的条件应简明清楚，一目了然。

（2）招聘人数一般应为实际需求的两倍。

（3）措辞既要实事求是，又要热情洋溢，表现出对人才的渴求和尊重。

2．发布招聘信息

招聘简章制定后，就要选择合适的方式向社会发布招聘信息。招聘信息的发布时间、发布方式等是根据招聘计划来确定的。

3．人员初步筛选

人力资源部门应对应聘人员的资料进行整理、分类，定期交给各主管领导。各主管领导要根据具体的招聘要求，对应聘人员进行初步筛选，确定面试人选，并填写面试通知单。之后，各主管领导将面试人选资料及面试通知单送交人力资源部，由人力资源部通知面试人员。

（三）招聘效果评估

招聘结束后，要对招聘的效果进行评估，以明确招聘工作的执行效果，总结经验，为下次招聘提供改进建议。

第二节　员工甄选

一、什么是员工甄选

员工甄选是指通过运用一定的工具和手段对已经招聘到的人力资源进行鉴别和考察，区分其人格特点与知识技能水平、预测其未来工作绩效，最终挑选出企业所需要的、恰当的职位空缺填补者。

准确理解员工甄选的含义，需要把握以下几个要点：

第一，员工甄选应包括评价应聘者的知识、能力和个性，以及预测应聘者未来在企业中的绩效两方面工作。很多企业在人力资源甄选时将注意力过多地集中在前者，往往忽视了后者，而后者对于企业来说反而更具意义。

第二，员工甄选要以空缺职位所要求的任职资格条件为依据来进行，只有那些符合职位要求的应聘者才是企业所需要的。

第三，员工甄选要由人力资源部门和用人部门共同完成，最终录用由用人部门决策。

二、员工甄选的方法

在员工甄选过程中，通常笔试、面试、心理测试和评价中心技术等是比较常用的方法。

（一）笔试

笔试是一种书面考试形式，应试者针对甄选测试题进行书面作答的静态测评方式，用以考核应聘者特定的知识、专业技术水平和文字运用能力。这种方法可以有效地考量应聘者的基本知识、专业知识、管理知识、综合分析能力和文字表达能力等素质及能力的差异。

笔试的优点是测量面广、评分相对客观公正、经济高效；其局限性在于互动单一，情境性差，难以考察应聘者的组织能力、口头表达能力、操作技能等素质和能力。因此，通常笔试往往用于应聘者初试，成绩合格者方能继续参加面试或下一轮测试，在应聘者众多时，可以大大减轻筛选工作量。

（二）面试

面试是企业经过精心设计，在特定场景下，与应聘者双方进行面对面的沟通，以观察为主要手段，由表及里测评应聘者的知识、能力、经验等有关素质的一种考试活动。

1. 面试方法分类

按照不同的标准，面试可以分为不同的类型：

（1）根据面试的结构化程度，可分为结构化面试、半结构化面试和非结构化面试等三种。

所谓结构化面试，是指面试题目、面试实施程序、面试评价、考官构成等方面都有统一明确的规范进行的面试。正规的面试一般都为结构化面试，公务员录用面试即为结构化面试。半结构化面试，是指只对面试的部分因素有统一要求的面试，如规定有统一的程序和评价标准，但面试题目可以根据面试对象而随意变化

（2）根据面试对象人数，可分为个人面试与集体面试。

所谓个人面试，指主考官个别地与应试者单独面谈，这是最普遍最基本的一种面试方式。单独面试的优点是能提供一个面对面的机会，让面试双方较深入地交流。集体面试是指多位应试者同时面对考官的情况，在集体面试中，通常要求应试者作小组讨论，相互协作解决某一问题等方式进行，这种面试方法主要用于考察应试者的人际沟通能力、洞察与

把握环境的能力、领导能力等。

（3）根据面试目的的不同，可分为压力性面试与非压力性面试。

压力性面试是将应考者置于一种人为的紧张气氛中，以考察其应变能力、压力承受能力、情绪稳定性等。典型的压力式面试，是以考官穷究不舍的方式连续就某事向应考者发问，且问题刁钻棘手，甚至逼得应考者穷于应付，考官以此种"压力发问"方式逼迫应考者充分表现出对待难题的机智灵活性、应变能力、思考判断能力、气质性格和修养等方面的素质。非压力性面试是在没有压力的情景下考察应考者有关方面的素质，让应聘者尽可能发挥其优势。

2. 不同面试方法的特点及适用范围

不同面试方法各有特点，对面试效果有很大影响。一般情况下，组织会综合多种面试方法来测试应聘者，使测试效果更加全面、准确。

（三）心理测试

心理测试是通过对一部分人某些代表性行为的研究来推断人们在行为活动中心理状态及其变化的一种方法。心理测试能够在一定程度上弥补传统人事测评的不足，能提高人职匹配的甄选效率，也可用于未来工作绩效的预测，是人员选拔重要测评工具之一。

1. 心理测验的主要类型

一般来说，心理测试常用的是测试量表，主要包括能力测试、人格测试、职业性向测试等测试类型。

能力测试是用来衡量应聘者是否具备完成应聘职位职责所要求的能力。能力测试有两种功能：一是诊断功能，用来判断应聘者目前具备的能力水平；二是预测功能，用于测定应聘者可以发展的潜在能力和成功的可能性。

人格测试也称个性测验，目的是了解内隐于应聘者中能够驱动组织绩效的人格特质，如性格、气质等，以此作为人员甄选的依据。对组织而言，一个干劲十足、心理健康的员工，远比一个情绪不稳定、积极性不高的员工要更有价值，个人的性格缺陷会使其所拥有的才能大打折扣。

职业性向是指人们对具有不同特点的各类职业的偏好和从事这一职业的愿望。职业性向测验就是提示应聘者对工作特点的偏好，即应聘者喜欢从事什么样的职业，应聘者的这一态度在很大程度上影响其工作绩效和离职率。

2. 心理测试应注意的问题

随着心理测试在越来越多的企业中广泛使用，心理测评方法的有效实施需要注意以下问题：

（1）选择合适的测评工具。企业应该选择标准化的测试工具，经过多年开发应用的标准化心理测试一般都具有良好的信度和效度，非标准化的各种测试没有经过严谨的信度和效度检验，其测试结果就无法保证准确、可信。例如，网络上经常推出一些星座、属相等测试，容易造成资源的浪费，且达不到甄选的目的。

（2）针对具体岗位选择心理测试的内容和工具。任何测试都是有对象性和目的性，不存在普适性的测量工具，那些不顾甄选需要，盲目迷信心理测试，对数据进行扩大化的解释，往往会造成甄选的失败。所以心理测试要求测评人员具有一定的专业水平，能对工具选择，测评程序，测评结果进行有准备的选择、把控和分析。

（3）认识心理测试技术本身的弱点。心理测评大部分是通过量表的形式让被试者填写，分数完全依赖应聘者的作答，因此，作答过程中测评工作人员很难把控应聘者作答的状态以及外部因素对其的影响，容易造成结果失真，所以甄选方案中不能完全依赖心理测试结果，必须采用其他甄选手段加以甄别。

（四）评价中心技术

评价中心是一个综合、全面的测评系统，这种方法通常将被评价者置于一个模拟的工作情境中，采用多种测评技术，观察被评价者在这种模拟工作情境中的行为表现，用以识别被评价者未来的工作潜能。评价中心所采用的情境性测验包括多种形式，评价中心技术主要包括文件筐测试、无领导小组讨论、案例分析、角色扮演、管理游戏、演讲、模拟面谈等。其中最常用的是公文筐处理、无领导小组讨论、案例分析、角色扮演和管理游戏。

1. 文件筐测试

文件筐测试（In-basket Test），也称公文筐测试，是评价中心最常用、最具特色的工具之一。在文件筐测试中，被评价者假定要接替某个领导或管理人员的职位，测试要求受测人员以领导者或管理人员的身份模拟真实生活中的情境和想法，在规定条件下（一般是比较紧迫而困难的条件，如时间较短、提供信息有限、独立无援、外部环境陌生等），对各类公文材料进行处理，并写出公文处理报告。评价人员通过观察应聘者在规定条件下处理过程的行为表现、分析公文处理报告、事后的访谈等手段，评估应聘者的计划、组织、预测、决策和沟通能力。

2. 无领导小组讨论

无领导小组（Leaderless Group Discusion，LGD）又叫无主持人讨论，是评价中心中应用较广的测评技术。无领导小组讨论就是把 IL 个应聘者组成一个小组，给他们提供一个议题，事先并不指定主持人，让他们通过小组讨论的方式在限定的时间内给出一个决策，评价者通过对应聘者在讨论中的言语表现及非言语行为的观察来对他们做出评价的一种测评形式。已有研究和管理实践表明，无领导小组讨论对于评价应聘者的分析问题、解决问题能力，衡量他们的社会技能，尤其是领导素质有很好的效果。

3. 案例分析

案例分析通常是让应聘者阅读一些关于组织中存在问题的材料，然后提出问题，在问题中要求应聘者阅读分析给定的资料，依据一定的理论知识，或做出决策，或做出评价，或提出具体的解决问题的方法或意见等。案例分析题属于综合性较强的题目类型，考察的是高层次的认知目标。它不仅能考察应聘者了解知识的程度，而且能考察应聘者理解、运用知识的能力，更重要的是它能考察应聘者综合、分析、评价方面的能力。研究表明，不同职业背景、不同职位、不同学历、不同经历的人在案例分析中的表现存在明显差异，因此案例分析题目得当，则将非常适用于中高层管理者的选拔，既可以用于个别施测，也适用于团体施测，尤其当条件受限，其他测评方法不便使用时，适合采用。

4. 角色扮演

角色扮演（Role Playing）要求多个应聘者共同参与一个管理性质的活动，每个人扮演特定的角色，模拟实际工作中的一系列活动。角色扮演能够有效地考察应聘者的实际工作能力、团队合作能力、组织协调能力、创造性等。

5. 管理游戏

管理游戏（Managerial Game）是指给每位应聘者分配一定的任务，这些任务必须合作才能较好地完成，主考官还会引入一些竞争因素，通过应聘者在完成任务的过程中表现出来的行为来测评他们的素质。例如，"小溪任务"这种游戏就是给一组应聘者提供滑轮、铁管、木板、绳索，要求他们把一根粗大的圆木和一块较大的岩石移到小溪的另一端。

除上述甄选方法外，员工甄选的方法还有：工作申请表、履历分析、笔迹分析等方法。企业根据自身实际，可综合采用，以提高甄选的科学性与准确性。

第三节　员工录用与评估

一、员工录用管理

（一）员工录用决策

1. 确定录用人选

根据多种测试方法，考评者根据应聘者在甄选过程中的表现，判断每位应聘者所具备的能力和素质，确定录用人选。

2. 员工录用策略

（1）多重淘汰式。多重淘汰式是在人员选拔过程中采用多种测试方法，每种测试方法依次进行，其中每种测试都具有淘汰性，应聘者若有一种测试没有达到要求即被淘汰。

（2）互为补充式。互为补充式中不同的测试成绩可以互为补充，最后根据应聘者在所有测试中的总成绩做出录用决策。如分别对应聘者进行笔试与面试，再按规定的笔试和面试的权重比例，算出应聘者的总成绩，决定录用人选。

（3）结合式。结合式是指由多重淘汰式和互为补充式共同组成，测试的顺序首先进行淘汰性测试，再进行互为补充式测试，最后综合应聘者总成绩，决定录用人选。

（二）员工录用流程

1. 录用前的准备工作

（1）入职体检。通常企业会要求拟录用者到指定医院进行一系列的身体健康检查，主要目的是：一方面，检查应聘者是否具有严重疾病；另一方面，判断应聘者的身体状况是否能够适应工作的需要。

（2）背景调查。背景调查是在录用人选上岗之前，企业一般会通过应聘者原来的单位雇主、同事及人力资源部人员等相关人士了解该人选的情况，主要了解其学历水平、工作经历等与工作有关的信息，也可能借此对其诚实性进行考察，尤其对企业的经理级以上的职位或比较敏感重要的岗位（如财务、采购、技术等职位），背景调查尤为重要。需要注意的是，在背景调查时，应多渠道、多角度调查信息的真实性，避免偏见；另一方面应把重点放在与应聘者工作有关的信息方面，避免侵犯其个人隐私，并以书面形式保存，作为档案材料及人员管理依据，同时要注意做好保密工作。

2. 员工入职

录用的准备工作完成后，新员工按规定时间到企业报到。在法定时间内，企业与符合要求的应聘者签订劳动合同，以法律形式明确双方的权利与义务。员工入职后需要做好以下工作：

（1）录用面谈。对于新进人员，进入企业最好安排相关的负责人与其就工作职责、企业的制度、文化等情况进行沟通，耐心地解答被录用者提出的问题，普通员工的录用面谈可由人力资源部完成，管理人员的面谈可由未来的直接上级或人力资源专家完成。录用面谈可以加强企业对新员工的进一步了解，同时加强新员工对企业的了解，有利于工作的开展。

（2）岗前培训。上岗前要对新员工进行培训。培训内容包括：熟悉工作内容、性质、责任、权限、利益、规范等；了解企业文化、政策及规章制度；熟悉企业环境、岗位环境、人事环境等；熟悉、掌握工作流程、技能。

3. 试用期间考核

试用期间考核是对试用期间新入职员工的能力的评价和鉴别，员工试用期考核合格才能转为正式员工，试用期考核管理必须符合法律规定。

员工入职后签订的劳动包含了试用期，明确规定了企业与员工双方在试用期间的权利和义务。试用期是对员工与企业双方的约束与保障。一方面通过工作实践考察试用人员对工作的适宜性，另一方面也为试用员工提供了进一步了解企业及工作的机会。这个阶段是企业与员工的双向选择期，彼此双方不受任何契约的影响。

4. 正式录用

员工的正式录用即通常所称的"转正"，是指试用期满且试用合格的员工正式成为企业成员的过程。员工能否被正式录用关键在于试用部门对其考核结果如何，组织对试用员工应坚持公平、能级匹配的原则进行录用。

二、员工招聘评估

对招聘工作进行评估，可以帮助企业评估招聘渠道的有效性，有助于改进招聘的筛选方法、评估测试结果的准确性，从而提高招聘的工作绩效，提高新进员工的质量，避免招聘工作的短视性，以便合理配置资源。对招聘效果进行评估，一般从以下几个方面进行：

（一）招聘时间评估

招聘时间评估也就是招聘的及时性评估，或者叫招聘周期评估。招聘周期是指从提出招聘需求到新聘员工实际到岗之间的时间，也就是岗位空缺时间。一般来说，岗位空缺时间越短，招聘效果越好。但不同类型和层次的岗位，由于劳动力市场上的供求情况不同，其招聘的难易程度和招聘周期也往往有很大差别，需要结合实际情况进行分析。

（二）招聘成本效益评估

招聘成本效益评估主要对招聘成本、成本效用和招聘收益成本进行评估。

1. 招聘成本

招聘成本评估是指对招聘中的费用进行调查、核实，并对照预算进行评价的过程。招聘成本分为招聘总成本与招聘单位成本。

招聘总成本是人力资源获取成本，由直接成本和间接成本两部分组成。直接成本，包括招募费用、选拔费用、录用员工安置费及其他相关费用；间接成本，包括内部培训费、工作指导费等。

招聘单位成本是招聘总成本与实际录用人数之比，即招聘单价。如果招聘成本低，录用人数多，则招聘单价低，反之则高。

2. 成本效用

成本效用评估是指对招聘成本所产生的效果进行分析，主要包括招聘总成本效用分析、招募成本效用分析、人员选拔成本效用分析、人员录用成本效用分析，有如下几个计算式：

总成本效用 = 录用人数 ÷ 招聘总成本

招募成本效用 = 应聘人数 ÷ 招募期间费用

选拔成本效用 = 被选中人数 ÷ 选拔期间费用

人员录用成本效用 = 正式录用人数 ÷ 录用期间费用

3. 招聘收益成本比

招聘收益成本比 = 所有新员工为组织创造的总价值 ÷ 招聘总成本

该指标越高，说明招聘工作越有效。它既是一项经济评价指标，也是对招聘工作的有效性进行考核的一项重要指标，而总价值的评估与计算是该指标的难点。

（三）录用人员数量评估

录用人员数量评估可从应聘比、录用比、招聘完成比三个方面进行。

应聘比=（应聘人数÷计划招聘人数）×100%

录用比=（录用人数÷应聘人数）×100%

招聘完成比=（录用人数÷计划招聘人数）×100%

应聘比说明员工招聘的挑选余地和信息的发布情况，该比率越高，说明发布招聘信息的效果越好，投递简历的人多，同时说明录用人员的素质可能比较高；录用比说明录用人员的挑选余地，录用比越小，说明招聘方的可选择范围越大，录用人员的素质以及其与工作的匹配度相对越高；招聘完成比说明新员工招聘计划的完成情况，该比率大于1时，则说明在数量方面全面或超额完成招聘计划。

（四）录用人员质量评估

除了录用人员数量评估，录用人员的质量评估也是衡量招聘效果的重要指标。录用人员质量评估实际是对所录用的员工入职后的工作绩效行为、实际能力、工作潜力考核评估延续，实际上是对录用人员考核的延续，考察人与岗位的匹配率，如员工转正率，还可根据录用标准对录用人员进行等级排列来评估。

（五）招聘渠道效果评估

很多企业一开始就没有具体分析各招聘渠道之间的差别，盲目投放招聘信息，产生大量不合格的应聘者，影响整个招聘进程。因此，应考察不同招聘渠道的效果，根据所招聘职位的性质和企业自身的发展状况找出最有效的招聘渠道。招聘渠道效果除了可利用以上指标间接衡量外，也可以通过招聘渠道的吸引力，即通过所吸引的有效应聘者的数量来衡量。

（六）甄选方法的评估

甄选方法的评估主要通过信度与效度评估来衡量招聘的"招数"是否有用。

信度和效度是对测试方法的基本要求，只有信度和效度达到一定水平，才可根据测试结果做出录用决策，否则将误导招聘人员，影响其决策质量。

1. 信度评估

信度主要是指测试结果的可靠性或一致性，即反复测试总是能得出同样的结论。如果基本一致，测试方法的信度就高，反之则信度低。测试信度的方法有很多种，通常可分为：重测信度评估、复本信度评估、内在一致性信度评估。

（1）重测信度评估。我们在两个不同的时间和地点对同一个人施测，分别考察两次测试结果之间的相关性，两次结果之间的相关性即为重测信度，如果两次测试结果相关度很低,就说明该测试工具不具有一致性,因而测试结果不可靠。

(2)复本信度评估。该方法是指使用两种内容相当的测试对同一群体施测,两次测试结果之间的相关性越高,说明测试的方法信度越高。如我们在期末考试中的AB卷,除了题目内容和形式有差异外,其余考察目标一致,考察点一致,考试难度相当,所以称之为"复本"。由于复本信度要求两份测试除了在问题表述方面不同之外,其余方面要完全一致,在甄选测试中实际操作比较困难。

(3)内在一致性信度评估。内部一致性主要反映测试内部题目之间的关系,考察各个题目是否测量了相同的内容和特质。如在业务水平考核的试题库中,随机抽取若干组题目,若同一水平的受试者按各组题都能考出同一档次的成绩,则我们认为此题库具有良好的内部一致性。

2. 效度评估

效度,即有效性或准确性,是指实际测试到应聘者的有关特征与想要测的特征的符合程度。

(1)校标效度。校标效度要证明哪些测试中表现好的受试者在工作中表现亦好,反之亦然。它是通过测试分数和工作绩效相关性来证明有效性的一种类型,测试分数高的人如果工作绩效高,则测试有效度。

(2)内容效度。内容效度通常是指一项测试是否代表了工作内容的某些重要因素。

信度和效度评估对数据收集和积累的要求比较高,实际工作中这一点往往被忽略了,导致评估无法进行。

第五章　员工培训与职业生涯管理

第一节　员工培训与开发概述

一、培训与开发的界定及其意义

（一）培训与开发的界定

员工培训是企业提升员工素质和技能，并推动企业发展的重要手段。员工培训与开发是人力资源管理的重要组成部分，是提高组织运转绩效、使组织获取和增强竞争优势、维持组织有效运转的重要手段。在一般意义上，员工培训与开发是指组织根据发展和业务需要，通过各类不同方式采取计划性、系统性的学习、训练等手段，使员工不断更新知识、提高技能，提高员工的工作绩效，为组织目标做贡献，从而改善和提高组织绩效的培养和训练活动或过程。

培训与开发是两个有所不同但是密切联系的概念，在很多情况下可以混合使用，实际上两者在内涵上是有所区别的。一般认为，培训是根据实际工作需要，通过有计划地向员工提供各种培训项目，帮助员工提高知识、技能和业绩水平的活动。培训侧重于提高员工当前的工作绩效。开发着眼于长远目标，是指员工为未来发展而进行的一系列培训活动，包括正规教育、工作实践等以提高员工的综合素质和各种潜能的培养及测评活动，帮助员工更好地适应新技术、市场和工作变化带来的挑战，提高员工面向未来职业的能力和员工的可雇佣性。

传统观念认为，培训与开发区别主要体现在：培训侧重于现在的工作和目标，是以现在为导向，根据实际工作需要，重心是帮助员工完成当下工作，掌握基本的工作知识、方法和步骤的过程，具有一定的强制性；开发侧重于员工将来的成长，培养员工特别是管理人员的综合素质，帮助员工为企业的其他岗位做准备，提高其面向未来职业的素质和能力，帮助员工更好地与组织一起发展和成长。

近些年来，由于市场竞争的加剧，培训与开发越来越受到企业的重视，其重要性越来越被人们所认识，再加上培训与开发同企业发展和经营战略的契合，两者的功能和使用的技术手段趋同，界限已日益模糊。企业纷纷认识到，如果要获得竞争优势，培训不能仅仅局限于基本技能的开发，还要关注员工对工作中发生的问题进行分析和解决的能力。在现代意义下，培训与开发都注重员工与组织现在和未来的发展，而且一般员工和管理人员都必须接受培训和开发，人们已经越来越习惯于把两者合称为培训。可以说，开发是更广泛意义上的培训。

培训与开发的含义，具体可以从以下几个方面掌握：

1. 培训与开发是一种人力资本投资

人力资本是与物质资本、金融资本相并列的一种资本存在形态，表现为员工所掌握的相关文化知识、技能知识、技能水平和健康状况等。根据劳动经济学中的人力资本理论，人力资本是一种稀缺的生产要素，是组织乃至社会进步的决定性因素，但是它的取得不是无代价的，如果想要取得人力资本，必须进行投资活动，即人力资本投资。人力资本投资是形成人力资本的必要条件，人力资本投资形式包括岗前培训、在职培训、脱产培训等，目的是组织员工不断更新知识、开拓技能、改进态度、提高工作绩效，最终提高组织效率、实现组织目标。

2. 培训与开发以为组织实现目标为根本目的

组织目标就是培训与开发的最终目的，培训与开发必须为实现组织的目标服务。应该说，员工培训与开发的直接目的是提高员工现在以及将来的绩效和职业能力，从根本上说是为组织实现目标而服务。这就要求组织在计划及实施员工培训与开发时，必须首先明确这样一些问题：为什么要进行培训，需要进行什么样的培训，哪些人需要接受培训，由谁来培训，如何评价培训的效果，如何进行员工开发等，不能为培训和开发而培训和开发，更不能仅仅做表面文章，否则只能使培训与开发的效率和效果大打折扣。

3. 培训与开发是一个管理过程

根据组织行为学理论，一个人的工作绩效取决于其工作行为，而其工作行为又由这个人在具体工作情境下所选定的行为目标决定。组织期望通过培训与开发促进组织目标的实现，这一过程必须通过影响员工在特定的工作情况下的行为选择来实现，也就是必须通过影响或者塑造员工的工作态度、工作行为，使其符合职业需要并有助于实现组织的目标。从管理的全过程来看，培训与开发既是一种管理手段，也是一个管理过程。

4. 培训与开发是员工职业发展的需要

培训与开发并不只是给组织带来收益，由于人力资源是组织资源中最重要的组成部分，现代人力资源管理理论认为，员工在为组织目标的实现努力，以推动组织绩效的提高，同时也要尽力展现自身价值，不断自我完善和发展。从另一角度来考虑，无论是知识、技能等培训，还是素质、管理潜能的开发，不仅组织会从中大受其益，而且员工个人的知识、技能等人力资本无疑得到增值，使其增强适应各种工作岗位和职业的能力，提高工作绩效。从组织的角度来说，在实施培训和开发过程中，绝不能忽视员工的个人职业发展，这样才能进一步增强组织的凝聚力，更好地提高组织运行的效率。因此，培训与开发是促进员工个人发展的需要。

（二）培训与开发的意义体现

随着世界经济的全球化、信息化、知识化和网络化时代的到来，以及与此相适应的市场竞争范围的日益扩大和程度的日益加深，培训和开发日益受到组织和个人的重视，被视为获取竞争优势的工具，越来越多的培训机构也随之诞生。培训与开发的重要意义体现在以下几方面：

1. 从外部环境角度考虑

从外部环境角度考虑，培训与开发是组织适应外部环境变化的重要手段。

当前，组织所生存的外部环境时时都在发生变化。如果员工普遍具有较高的素质和极强的职业能力，那么就将成为组织的宝贵财富；否则，员工素质低下，跟不上时代发展的要求和职业需要，那么就将成为一种无用资源，甚至成为组织的负担。通过员工选拔、录用等固然可以为组织招聘到素质较高和能力较强的员工，但现代社会发展的一个重要趋势就是新技术、新知识、新工艺、新产品层出不穷，特别是知识、技术的更新速度在近些年明显加快，加之市场需求变化多端，市场竞争日趋激烈，因此，必须通过员工培训与开发提高员工素质，调动员工积极性，发挥员工创造力。

2. 从企业内部角度考虑

从企业内部角度考虑，培训与开发是提高企业劳动生产率，增强企业竞争力的重要措施。

企业通过员工培训与开发，可以使员工明确自己的工作职责、任务和目标，提高自身的知识水平和技能水平，并具备与实现组织目标相适应的自身素质、业务技能及人际交往、沟通协调、集体参与等其他能力，使之可以胜任本职工作。经过培训与开发的员工，劳动熟练度、对新知识的吸收使用能力和员工间的配合默契都会提高，主要表现在：通过增加员工的知识技能，提高员工的工作质量和工作效率；使员工适应在新的工作环境和业务流程下工作角色转变的需要，为整个组织工作质量和效率的提高奠定坚实的人力基础，从而满足企业长远的战略发展需求，实现组织的目标。

  3. 从市场竞争角度考虑

  从市场竞争角度考虑，培训与开发是企业应对激烈市场竞争的重要途径。

  世界经济的知识化、全球化、网络化时代的到来，新技术革命的日新月异，市场竞争的日趋激烈和市场需求的日益复杂多变，对企业提出了前所未有的挑战。每一个企业如果要赢得竞争，必须具备较强的综合素质或特有的核心专长。包括员工培训与开发在内的人力资源在企业各类资源中所具有的独特地位，使其开发与管理显得比以往任何时候都更加重要。培训与开发可以提高员工的素质与能力，可以使组织拥有更多的高素质员工，进而拥有更多的人力资本，从而有效应对市场竞争，获得竞争优势，并最终赢得胜利。

  4. 从员工个人角度考虑

  从员工个人角度考虑，培训与开发是实现员工个人发展和自身价值的必要措施。

  现代组织提倡的员工为组织工作的目标已不仅仅是满足低层次需要，绝大多数员工工作的目的在于追求高层次的自尊和自我实现的需要，实现自我价值。而培训与开发能给员工不断提供学习和掌握新知识、新技能的机会，使其能适应和接受新的工作岗位所提出的挑战和任务，实现自我成长和自我价值，不仅使员工获得物质上的满足，而且使员工精神上获得成就感。所以在企业里虽然每个人所处的岗位不同、层次不同，但大多数都渴求不断充实自己，使自己的潜力充分发掘出来。企业如能满足员工的这种自尊、自我实现需要，将激发出员工深刻而又持久的工作动力。

二、员工培训与开发的特征与原则

（一）培训与开发的鲜明特征

  员工培训的对象是在职人员，其性质属于继续教育的范畴。它具有鲜明的特征。

  1. 广泛性

  首先，组织内培训与开发的网络涉及面广，不仅决策层需要培训，而且中间管理层和一般员工也需要进行培训与开发，体现出一种全员培训的性质。

  其次，是指培训内容的广泛性，不仅涉及一般管理知识如计划、组织、领导、控制的培训，而且也包括技术、财务、统计、营销、生产等各个经营环节的内容，还包括面向未来的新知识、新技能等。

2. 层次性

员工培训网络的深度，也是培训网络现实性的具体表现。不仅企业战略不同，培训与开发的内容及重点不同，而且不同知识水平和不同需要的员工，所承担的工作任务不同，知识和技能需要也各异。

3. 协调性

员工的培训与开发是一个完整的组织管理系统，它要求培训与开发的各环节、培训项目应协调，使培训网络运转正常。要从企业经营战略出发，制定适当的培训方案，包括在进行培训需求分析的基础上确定培训对象、内容、组织形式等；要根据企业发展的规模、速度和方向，合理确定受训者的总量与结构；要根据员工的培训人数，合理地设计培训方案、培训的时间、地点等；要对培训效果进行恰当的评估、总结，找出成绩与不足，使培训与开发工作能满足整个组织运转的需要。

4. 实用性

实用性指员工的培训投资应产生的一定回报。员工培训与开发系统要发挥其功能，即成果转移或转化成生产力，并能迅速促进企业竞争优势的发挥与保持。首先，企业应设计好培训与开发项目，使员工所掌握的技术、技能、更新的知识结构能使其适应新的工作。其次，应让受训者获得实践机会，为受训者提或其主动抓住机会来应用培训中所学的知识、技能和行为方式。最后，为培训与开发的成果转化创造有利的工作环境，构建学习型组织。它是一种具有促进学习能力、适应能力和变革能力的组织。

5. 长期性和速成型

员工的培训与开发是伴随员工在组织内工作的全过程，不能指望一次或几次培训就能解决全部问题，员工必须不断接受新的知识，不断学习，任何企业对其员工的培训将是长期的。同时，员工学习的主要目的是为企业工作，每次培训应强调周期短、见效快，技能型培训尤应如此，以提高培训与开发的效果。

6. 实践性

培训与开发应根据员工的生理、心理以及一定工作经验等特点，在教学方法上应注重实践教学方法。不能和实际工作脱节，应将启发式、讨论式、研究式以及案例式相结合，使员工所学到的知识、技能能够适应工作需要，使员工培训有效果。

（二）培训与开发的原则

企业培训的成功实施要遵守培训的基本原则。尽管培训的形式多种多样、内容各异，但各类培训坚持的原则基本一致。

1. 战略性原则

员工培训是企业生产经营活动的一个环节，在组织培训时，要从企业发展战略的角度去思考问题，避免发生为培训而培训的情况。制定企业的中、长期培训计划，既要符合企业整体发展的需要，又要满足企业目前工作需要。要做到这一点，需要在每一个培训项目实施前进行培训需求调查时，认真分析企业战略，抓住企业战略意图实现过程中的一些障碍，并努力通过培训帮助组织清除这些障碍。脱离战略性考虑的培训计划，虽然在企业现阶段工作中能起到一定的作用，但必将因与企业整体发展规划脱节而落后被动，顾此失彼。

2. 按需培训原则

企业组织员工培训的目的在于通过培训让员工掌握必要的知识技能，以完成规定的工作，最终为提高企业的经济效益服务。不同的岗位，工作性质、内容不同，要达到的工作标准也不同。因此，员工培训工作应当充分考虑培训对象的工作性质、任务和特点，实行按需培训。培训的内容必须是员工个人的需要和工作岗位需要的知识、技能以及态度等。因此，在培训项目实施中，要把培训内和培训后的使用衔接起来，这样培训的效果才能体现到实际工作中去，才能达到培训目标。如果不能按需培训、培训与使用脱节，不仅会造成企业人力、物力的浪费，而且会使培训失去意义。从工作实际需要出发，主要表现在要与职位特点紧密结合，与培训对象的年龄、知识结构、能力大小、思想状况紧密结合，切忌概念化、一般化。

3. 长期性原则

员工培训需要企业投入大量的人力、物力，这对企业的当前工作可能会造成一定的影响。有的员工培训项目有立竿见影的效果，但有的培训要在一段时间以后才能反映到员工工作效率或企业经济效益上，尤其是管理人员和员工观念的培训。因此，要正确认智力投资和人力资本投资的长期性。

4. 实践培训原则

培训不仅是观念的培训、理论的培训，更重要的是实践的培训。因此培训过程中要创造实践条件，以实际操作来印证、深化培训的具体内容，这样更有利于实践成果的转化。如在课堂教学过程中，要有计划地为受训员工提供实践和操作机会，使他们通过实践提高工作能力。

5.多样性培训原则

企业中不同员工的能力有偏差，具体工作分工也不同，因此员工培训要坚持多样性原则。多样性培训原则包括培训方式的多样性，如岗前培训、在岗培训、脱产培训等；也包括培训方法的多样性，如专家讲授、教师示范、教学实习等。

6.企业和员工共同发展原则

对企业而言，员工培训是调动员工工作积极性、改变员工观念、提高企业对员工的凝聚力的一条重要途径；对员工个人而言，员工培训使员工学习并掌握新的知识和技能，提高个人的管理水平，有利于个人职业的发展。因而有效的员工培训，会使员工和企业共同受益，促进员工和企业共同发展。

7.全员培训与重点培训结合原则

全员培训，就是有计划、有步骤地对各类人员进行全面培训，以提高企业全员素质，增强组织整体竞争能力。重点培训是对企业技术中坚、管理干部，特别是中高层管理人员，要加大培训力度，进行重点培训。

8.反馈与强化培训效果原则

反馈的作用在于巩固学习技能、及时纠正错误和偏差。反馈的信息越及时、准确，培训的效果就越好。强化是将反馈结果与受训人员的奖励和惩罚相结合，它不仅应在培训结束后马上进行，而且应该体现在培训之后的上岗工作中。

第二节 员工培训与开发的内容及形式

员工培训的内容及形式必须与企业的战略目标、员工的职位特点相适应，同时适应内外部经营环境变化。但大体上看，培训与开发在内容及形式方面，都是有规律可循的。

一、员工培训与开发的内容

合理确定培训与开发的内容，对于目标的实现，提高组织绩效具有十分重要的意义。员工的培训与开发主要是根据工作需求，提高工作绩效展开的，而影响工作绩效的因素是员工所掌握的知识、业务技能和工作态度。因此，员工培训围绕这三方面开展。

（一）知识的学习

知识学习是员工培训与开发的主要方面，包括事实知识与程序知识学习。员工应通过培训掌握完成本职、工作所需要的基本知识，企业应根据经营发展战略要求和技术变化的预测，以及将来对人力资源的数量、质量、结构的要求与需要，有计划、有组织地培训员工，使员工了解企业的发展战略、经营方针、经营状况、规章制度、文化基础、市场及竞争等。依据培训对象的不同，知识内容还应结合岗位目标来进行。如对管理人员既要培训计划、组织、领导和控制等管理知识，还要他们掌握心理学、激励理论等有关人的知识，以及经营环境如社会、政治、文化、伦理等方面的知识。

（二）技能的提高

知识的运用必须具备一定技能。培训与开发首先对不同层次的员工进行岗位所需的技术性能力培训，即认知能力与阅读、写作能力的培训。认知能力包括语言理解能力、定量分析能力和推理能力等三方面。有研究表明，员工的认知能力与其工作能否胜任有相关关系。随着工作变得越来越复杂，认知能力对完成工作显得越来越重要。阅读能力不够会阻碍员工良好业绩的取得。随着信息技术发展，不仅要开发员工的书面文字阅读能力，而且要培养员工的电子阅读能力。此外，企业应更多培养员工的人际交往能力。尤其是管理者，更应注重判断与决策能力、改革创新能力、灵活应变能力、人际交往能力等的培训。

（三）态度的转变

态度是影响能力与工作绩效的重要因素。员工的态度与培训效果和工作表现是直接相关的。管理者重视员工态度的转变使培训成功的可能性会增加。受训员工的工作态度怎样、如何形成、怎样受影响等是一些复杂的理论问题，又是一种实践技巧。通过培训可以改变员工的工作态度，但不是绝对的。关键的是管理者工作本身。管理者要在员工中树立并保持积极的态度，同时善于利用员工态度好的时间来达到所要求的工作标准。管理者应根据不同的特点找到适合每个人的最有效的影响与控制方式，规范员工的行为，促进员工态度的转变。

二、培训的组织形式

员工培训与开发往往是根据企业的不同需要而有所差别的，为适应不同的培训目的、不同的培训内容、不同的受训者等，员工培训的组织形式也多种多样。

（一）按培训职能部门的组建模式划分

从培训职能部门的组建看，培训有学院模式、客户模式、矩阵模式、企业办学模式和虚拟培训组织模式五种模式。

1. 学院模式

学院模式即企业所组建的培训部门看起来非常像一所大学的结构。培训部门由主管人会同一组对特定课题或特定的技术领域具有专业知识的专家共同领导。专家负责开发、管理和修改培训项目。

2. 客户模式

客户模式即企业组建培训部分负责满足公司内某个职能部门的培训需求，使培训项目与经营部门的特定需要而不是与培训者的专业技能相一致。但培训者必须了解经营需要并不断更新培训课程和内容以适应这种需求。

3. 矩阵模型

矩阵模型即企业组建培训部门能适应培训者既向部门经理又要向特定职能部门的经理汇报工作的模式。培训者具有培训专家和职能专家两个方面的职责，它有助于将培训与经营需求联系起来。培训者可以通过某一特定的经营职能而获得专门的知识。

4. 企业办学模式

企业办学模式是指利用企业办学组建职能部门趋向于提供范围更广的培训项目与课程。该模式的客户群不仅包括员工和经理，还包括公司外部的相关利益者。企业一些重要的文化和价值观将在企业大学的培训课程中得到重视；它保证企业某部门内部开展的有价值的培训活动能在整个企业进行传播。

5. 虚拟培训组织模式

该模式与传统培训部门的最大区别体现在结构上。传统的培训组织趋向于由固定的从事某一特定职能如指导设计的培训者和管理者来运营；这种模式中的培训者的数量则根据对产品和服务的需求不同而变化，培训者不仅要具有专业能力而且能作为内部咨询专家并能提供更完善的服务。

（二）按培训对象划分

从培训的对象看，培训有管理人员培训、专业技术人员培训、基层员工培训及新员工培训。管理人员培训主要让他们掌握必要的管理技能，以及新的管理知识与理论、先进的管理方法。专业技术人员培训是让他们提高专业领域的能力，旨在提高其新产品研制能力；同时培训财务、营销知识、时间管理、信息管理、沟通技巧、团队建设、人际能力、指导员工、外语等方面的知识与能力。基层员工培训让员工操作技能提高，是针对不同岗位所要求的知识与技能而言。新员工培训，即为新进入企业的员工指引方向，使之对新的工作环境、条件、工作关系、工作职责、工作内容、规章制度、组织期望等有所了解，尽快顺利地融入企业并投身到工作之中。

（三）按员工培训的时间划分

从员工培训的时间看，培训有全脱产培训、半脱产培训与业余培训等。全脱产培训是受训者在一段时期内完全脱离工作岗位，接受专门培训后，再继续工作。半脱产培训是受训者每天或每周抽出一部分时间参加学习的培训形式。业余培训是受训者完全利用个人业余时间参加培训，不影响正常生产或工作的培训形式。

第三节 员工培训计划的实施

有效的培训计划是员工培训的重要保障。精心设计员工培训系统是非常重要的。员工的培训计划包括培训需求的确定、培训目标的设置、培训方法、培训的实施、培训成果的转化以及培训评价和反馈等。

一、培训准备阶段

在员工培训的准备阶段，必须做好两方面的工作：一是培训需求分析；二是培训目标确定。

（一）培训需求分析

培训需求分析对是否需要进行培训来说非常重要。它包括组织分析、任务分析与个人分析三项内容：

1. 组织分析

组织分析是要在企业的经营战略下，决定相应的培训，并为其提供可利用的资源、管理以及对培训活动的支持。这里需要分析三个问题：

一是从战略发展高度预测企业未来在技术、销售市场及组织结构上可能发生什么变化，对人力资源的数量和质量的需求状况的分析，确定适应企业发展需要的员工能力。

二是分析管理者和员工对培训活动的支持态度。大量研究表明员工与管理者对培训的支持是非常关键的。培训成功的关键要素在于：受训者的上级、同事对其受训活动要持有积极态度，并同意向受训者提供关于任何将培训所学的知识运用于工作实践中去的信息；受训者将培训所学的知识运用于实际工作之中的概率较高等。如果受训者的上级、同事对其受训不支持,这种概率就不大。

三是对企业的培训费用、培训时间及培训相关的专业知识等培训资源的分析。企业可在现有人员技能水平和预算基础上,利用内部咨询人员对相关的员工进行培训。如果企业缺乏必要的时间和专业能力,也可以从咨询公司购买培训服务。目前已有越来越多的企业通过投标的形式来确定为本企业提供培训服务的供应商或咨询公司。

2.工作分析

工作分析包括任务确定及对需要在培训中加以强调的知识、技能和行为的分析。工作分析用以帮助员工按时、准确地完成任务。任务分析的结果是有关工作活动的详细描述,包括员工执行任务和完成任务所需的知识、技术和能力的描述。工作分析的重点和关键是分析和发现现实状态下和理想状态下从事一项工作所需要的知识、技能以及员工的实际表现存在的差距,从而确定其需要接受的培训。

3.个人分析

个人分析从员工个人的层面出发,主要是在衡量员工的能力是否足以应付目前以及将来工作需要后,将员工目前的工作绩效与员工绩效标准进行对比,如果发现不足,则需要开展培训。影响员工个人绩效水平包括以下因素:

第一,员工的个体特征,即分析员工是否具有完成工作所应具备的知识、技术、能力和态度。

第二,员工的工作输入,即分析员工是否得到一些指导,该干些什么,怎样干和什么时候干等,如果员工有工作必备的知识、能力、态度和行为方式,但缺少必要的指导,其绩效水平也不会高。

第三,分析员工工作输出,即分析员工是否了解工作的目标。有时员工不能达到标准要求的业绩表现,其重要的原因之一是员工不知道他们应该达到什么样的绩效水平。

第四,分析员工工作结果。如果不知道业绩表现好而受到的各种奖励措施,或员工认为绩效奖励不具有激励作用的话,那么他们就不愿执行绩效标准,而且团队行为也不会鼓励员工执行绩效标准。

第五,分析员工工作反馈,即分析员工是否能得到执行工作中的有关信息。如果员工在工作中没人定期向其反馈工作表现,或者说员工知道怎样做,但不知道自己做得怎样,其绩效水平也会出现问题并缺乏学习动机。

(二)确定培训目标

设定培训目标是员工培训的一个必不可少的环节。只有明确培训目标,才能确定培训的方向、内容以及组织形式。培训目标是指培训活动的目的和预期成果，可以针对每一培训阶段设置，也可以面向整个培训计划来设定。

培训目标确定的作用表现在以下方面：

第一，结合受训者、管理者、企业各方面的需要，满足受训者方面的需要；帮助受训者理解其为什么需要培训。

第二，协调培训的目标与企业目标的一致，使培训目标服从企业目标。

第三，使培训结果的评价有一个基准；有助于明确培训成果的类型。

第四，指导培训政策及其实施过程。

第五，为培训的组织者确立了必须完成的任务。

二、培训的实施阶段

在培训的实施阶段，企业要完成两项工作：设计培训方案和培训实施。从培训工作的系统来看，培训的成功与员工培训项目设计有很大关系。

（一）设计培训方案

培训方案的设计是培训目标的具体操作化，即告诉人们应该做什么、如何做才能完成任务，达到目的。主要包括以下一些内容：选择设计适当的培训项目；确定培训对象；培训项目的负责人，包含组织的负责人和具体培训的负责人；培训的方式与方法；培训地点的选择；根据既定目标，具体确定培训形式、学制、课程设置方案、课程大纲、教科书与参考教材、培训教师、教学方法、考核方法、辅助器材设施等。

制定培训方案必须兼顾企业具体的情况，如行业类型、企业规模、客户要求、技术发展水平与趋势、员工现有水平、政策法规、企业宗旨等，最关键因素之一是企业领导的管理价值观和对培训重要性的认识。

（二）培训实施关键

培训实施是员工培训系统关键的环节。在实施员工培训时，培训者要完成许多具体的工作任务。要保证培训的效果与质量，必须把握以下几个方面：

1. 选择和准备培训场所

选择什么样的培训场地是确保培训成功的关键。

首先，培训场地应具备交通便利、舒适、安静、独立而不受干扰，为受训者提供足够的自由活动空间等特点。

其次，培训场地的布置应注意一些细节：检查空调系统以及临近房间、走廊和建筑物之外的噪音；场地的采光、灯光与培训的气氛协调；培训教室结构选择方形，便于受训者看、听和参与讨论；教室的灯光照明适当；墙壁及地面的颜色要协调，天花板的高度要适当；桌椅高度适当，椅子最好有轮子，可旋转便于移动等；教室电源插座设置的数量及距离也要适当，便于受训者使用；墙面、天花板、地面及桌椅反射能保持合适的音响清晰度和音量。

最后，注意座位的安排，即应根据学员之间及培训教师与学员之间的预期交流的特点来布置座位。一般地，扇形座位安排对培训十分有效，便于受训者相互交流。当然，也可根据培训目的与方法来布置教室，例如培训主要是获取知识，以讲座和视听演示为主要培训方法，那么传统教室的座位安排就比较合适。

总之，选择和准备培训场所应以达到培训效果为目的。

2. 课程描述

课程描述是有关培训项目的总体信息，包括培训课程名称、目标学员、课程目标、地点、时间、培训的方法、预先准备的培训设备、培训教师名单以及教材等。它是从培训需求分析中得到的。

3. 课程计划

详细的课程计划非常重要，包括培训期间的各种活动及其先后次序和管理环节。它有助于保持培训活动的连贯性而不论培训教师是否发生变化；有助于确保培训教师和受训者了解课程和项目目标。课程计划包括课程名称、学习目的、报告的专题、目标听众，培训时间、培训教师的活动、学员活动和其他必要的活动。

4. 选择培训教师

员工培训的成功与否与任课教师有着很大关系。特别是新时期的员工培训，教师已不仅仅是传授知识、态度和技能，而且是受训者职业探索的帮助者。企业应选择那些有教学愿望，表达能力强，有广博的理论知识、丰富的实践经验、扎实的培训技能，热情且受人尊敬的人为培训教师。

5. 选择培训教材

培训教材一般由培训教师确定。教材有公开出版的、企业内部的、培训公司的以及教师自编的四种。培训的教材应该是对教学内容的概括与总结，包括教学目标、练习、图表、数据以及参考书等。

6. 确定培训时间

适应员工培训的特点，应确定合适的培训时间，如何时开始、何时结束、每个培训的周期培训的时间等。

三、培训效果的评价

培训效果评价就是收集有关培训效果的实施反馈信息，根据这些信息对培训进行系统的评价，其目的就是帮助企业选择、调整各类培训活动。培训效果的评价是员工培训的最后一个环节，既是对整个培训活动实施效果的评价，同时也为以后开展培训活动提供重要的数据支持，有利于优化和改进企业的培训体系，促进培训工作不断提升。

（一）确定评价标准

为评价培训项目，必须明确根据什么来判断项目是否有效，即确立培训的结果或标准。只有目标确定后才能确定评价标准，标准是目标的具体化，又称为目标服务。

1. 培训结果的确定

培训结果可以划分为五种类型：认知结果、技能结果、情感结果、效果以及投资净收益。

一是认知结果。它可用来判断受训者对培训中强调的原则、事实、技术、程序等的熟悉程度，也是衡量受训者从培训中掌握了哪些知识的指标。通常可用书面测验的方法来评价。

二是技能结果。它是用来评价受训者的技术及行为的一种指标。技能结果包括技能的获得或学习和技能的在职应用（技能转化）两方面，两者都可以通过观察来评价。

三是情感结果。它包括受训者的态度和动机两个方面的内容。情感结果的一种类型是受训者对培训项目的反应。反应性结果是指受训者对培训设施、培训者以及培训内容的感知。对反应性结果的评价可通过受训者填写问卷获得，这种信息对于确定哪些因素有利于学习，哪些因素阻碍学习是很有用的。

四是效果。它用来判断项目给企业所带来的回报，效果性结果表现在企业成本节约、产量增加以及产品或顾客服务质量的改善等。

五是投资净收益。它是对培训所产生的货币收益与培训的成本进行比较，从而量化企业从培训中所获得的价值。

2. 评价标准

评价标准通常由评价内容、具体指标等构成。制定标准的具体措施步骤分为：对评价目标进行分解；拟订出具体标准；组织有关人员讨论、审议、征求意见，加以确定；试行与修订；在确定标准时必须把握一定的原则：评价标准的各部分应构成一个完整的整体；

各标准之间要相互衔接、协调；各标准之间应有一定的统一性与关联性。

（二）培训效果测定

培训效果测定方法中常用的是成本收益分析方法，即通过财务会计方法决定培训项目的经济收益的过程。确定培训的经济收益是要确定培训的成本和收益。

1. 确定成本

培训成本包括直接成本与间接成本。一种可根据企业员工培训系统模型，确定培训的不同阶段（培训项目设计、实施、需求分析、开发和评价所需的设备、设施、人员和材料的成本）。这种方法有助于比较不同培训项目成本的总体差异，还可以将培训不同阶段所产生的成本用于项目间的比较。另外，可用会计方法计算成本。一般地，员工培训有以下费用需要计算：直接成本、薪金和福利、材料费、设备和硬件费、差旅费、外聘教师费、项目开发或购买费、间接成本、设施费、薪资、培训部门管理费、间接费和其他费。

2. 确定收益

企业应分析培训的原因，如培训是为了降低生产成本或额外成本等。有许多方法可以确定收益：一是运用技术、研究及实践证实与特定培训计划有关的收益；二是在公司大规模投入资源前，通过实验性培训评价一部分受训者所获得的收益；还可以通过对成功的工作者的观察，确定其与不成功工作者绩效的差别。

成本收益分析还有其他的方法。如效用分析法，即根据受训者与未受培训者之间的工作绩效差异、受训者人数、培训项目对绩效影响的时间段，以及未受培训者绩效的变化来确定培训的价值。这种方法需利用培训前测与后测方案。还有一种是经济分析，即培训为企业或政府带来经济效益而进行的评价。主要通过计算直接和间接成本、政府对培训的奖励津贴、培训后受训者工资的提高、税率和折扣率进行评价。

第四节 员工职业生涯规划与管理

一、职业生涯的含义及变动方向

（一）职业与职业生涯

1. 职业的含义

从经济学角度看，职业是人们参与社会分工，利用专门的知识和技能，为社会提供服务或创造财富,获得合理的报酬,满足其物质和精神需求的稳定性的工作。从社会学角度看,职业是人们在社会中所处的地位和角色。

上述两种视角分别揭示了职业的技术性、稳定性、目的性和社会性。其中经济学角度的职业定义强调了职业的专门技术性和稳定性以及取得收入的目的性,而社会学视角下的职业更突出体现职业的社会性,即职业是一个人一生主要的社会活动。

我们从国民经济活动所需要的人力资源角度来看,职业是指不同性质、不同内容、不同形式、不同操作的专门劳动岗位。

2. 职业生涯的含义

职业生涯是指一个人一生工作生活的经历,即一个人一生所连续从事的职业和工作岗位的发展道路。当一个人具备了劳动能力,或者受到一定程度的教育后,进入劳动力市场,便开始了职业生涯道路。实际上,职业生涯主要是员工在某单位期间按编年的顺序串接组成的所有的工作活动与工作经历。对职业生涯的概念可从三个方面加以理解。

第一,职业生涯就是一个人生活活动的连续经历,记录个人在工作中的整个经历,但其中不包含成功与失败的含义,也不包含着进步的快、慢。职业生涯的成功与失败,在很大程度上取决于本人对其的设想与考虑,从而可见职业生涯是个时间概念。

第二,从职业生涯内容的构成因素看,职业生涯由时间、范围和深度所构成。时间是指人的一生职业发展的不同阶段,如职业初期、中期、后期等。范围是指人一生所扮演不同角色的数量。深度是一种角色投入的程度。从预测职业生涯发展的角度看,职业生涯是由行为和态度两个方面所组成。因此,要充分预测和了解一个人的职业生涯,就必须从主观和客观两个方面进行考察。一个人职业生涯的主观方面有价值观、态度、个性及动机等。一个人职业生涯还有很多客观外在的,可以进行客观测定的特征,如个体进行的各种活动和所表现的各种行为,工作职务的选择,以及所担负的特定的工作岗位等。

第三,职业生涯是一种动态过程。职业生涯不仅表示工作时间的长短,而且也表示它是一个职业不断发展、变更的过程,即包括职业发展的阶段、一种职业向另一种职业的转化等。

(二)职业生涯的变动方向

在组织内部的个人职业生涯往往沿着下列三个方面变动:纵向、横向和向核心的变动。

1. 纵向变动

职业生涯的纵向变动,就是在组织内部的员工工作等级职位的升降。对于绝大多数人来说,是沿着一定等级制度变动的,是向上运动的,即职工得到一系列的提升和发展。在这种变动过程中，只有极少数人可能提升到组织的高层职位上。各种不同的组织可提供达到等级的机会是不同的，这和组织的结构有关。有些组织在等级制中达到高层职位的等级层次较少，即扁平的组织结构；而有一些组织要达到高层职位的等级层次则较多，即高耸的组织结构。

2. 横向变动

职业生涯的横向变动就是组织内部个人的工作或职务沿着职能部门或技术部门的两侧发展变动，横向变动也可以是跨职能边界的调动。例如，教师专业技术岗位转到教务部门负责管理等，这种岗位轮换对于未来准备担当全面管理工作的人来说是十分必要的。所以可以看出，某些职工的整个职业生涯就是在同一个职能或技术领域内进行；而另一些人则可能是经常跨职能边界变动。企业的中层管理人员工作职位的轮换是沿着生产、市场和人事等部门这种横向方面变动的。这种部门轮换，最终会使这些管理者提升到掌管全局的全面性管理行列之中。

3. 向核心变动

向核心变动就是由组织外围逐步向组织内圈方面变动。当发生向核心方面变动时，职工对组织情况了解得更多，所担负的责任也就更大，并且会参加组织的重大问题的讨论和决策。这里的向核心方向变动，包括员工虽然没获正式授职提升到组织的高层次行列中，但是却成为组织的"核心"分子。

二、职业生涯规划

（一）职业生涯规划的含义

职业生涯规划是指将个人发展与组织发展相结合，对决定一个人职业生涯的主客观因素进行分析、总结和测定，确定一个人的事业奋斗目标，并选择实现这一事业目标的职业，编制相应的工作、教育和培训的行动计划，并就此对每一步骤的时间、顺序和方向做出合理的安排。

职业生涯规划是一个动态过程，规划的功能在于为生涯设定目标，并找出达成目标所需采取的步骤。简单说，职业生涯规划是对自己职业生涯的设计和实践。在对职业生涯的主客观条件进行测定、分析、总结的基础上，对自己的兴趣、爱好、能力、特点进行综合分析与权衡，结合时代特点，根据自己的职业倾向，确定最佳的职业奋斗目标，并为实现这一目标做出行之有效的安排。

（二）职业生涯规划的作用

第一，职业生涯规划对个人的作用：以既有成就为基础，确立人生的方向，提供奋斗的策略；突破生活的局限，塑造清新充实的自我；准确评价个人特点和强项；评估个人目标和现状的差距；准确定位职业方向；重新认识自身的价值并使其增值；发现新的职业机遇；增强职业竞争力；将个人、事业与家庭联系起来；扬长避短，发挥职业竞争力；了解就业市场，科学合理地选择行业和职业；提升个人实力，获得长期职业发展优势；加快适应工作，提高工作满意度，使事业成功最大化。

第二，职业生涯规划对组织的作用：首先，职业生涯规划与组织目标协调一致，可以减少人才流动带来的损失，对稳定员工队伍和调动其积极性起到了推动作用。其次，可以促进组织和个人之间的相互了解和合作，组织可以帮助指导职工制定或修正职业目标，个人通过进行职业生涯设计，也更加清楚地了解到组织内部的事业发展前景或途径，了解到组织内部工作，从而促进双方的有效合作，最大程度地实现双方的目标。最后，有利于充分发挥人的潜力，做到"人尽其才，才尽其用"。职业生涯规划的基本目的在于使个人寻找到符合自身各方面特点的职业、工作岗位、工作任务和职业目标。而组织在这方面恰恰能发挥相应的职能作用，即组织对员工职业生涯规划与管理可以使员工的个性特征被组织所发现并得以重视，帮助其提供发展的平台，使员工的潜能得到充分发挥，组织的人力资源得以有效开发。

（三）职业生涯规划的步骤

1.自我评估

自我评估是职业生涯规划过程中的起始环节，全面、客观地评估是科学进行职业生涯规划的前提，它对职业环境分析、职业目标确立、生涯策略、生涯评估等环节具有非常重要的意义。所谓的自我评估就是对自己做全面的分析，通过自我分析，达到认识自我、了解自我，从而对适合自己的职业和职业生涯目标做出合理的抉择。在自我评估这一环节中，个体必须清楚是否真正了解自己，自己喜欢什么工作，自己的技能专长是什么，自身的优缺点有哪些，自己面临的机会、危险又有哪些。既要充分、正确地认识自身的条件，又要避免在对自己认识不清的情况下做出错误的选择。因此，对自己性格、兴趣、爱好等个人基本素质以及特长、需求、学识、技能等客观条件等进行合理的评估，这是进行职业生涯规划的前提。很多人对自己未来如何发展不了解，或者是对未来职业期望过高，不愿选择平凡的工作而错过很多的职业机会。所以，帮助员工提高自我认识，端正职业动机，增大其与职业的匹配度，是职业生涯设计的关键点。

2. 职业生涯机会的评估

职业生涯机会的评估就是评估周边各种环境因素对自己职业生涯发展的影响。在制定个人的职业生涯规划时，要充分了解所处环境的特点、掌握职业环境的发展变化情况、明确自己在这个环境中的地位以及环境对自己提出的要求和创造的条件等。只有对环境因素充分了解和把握，才能做到在复杂的环境中趋利避害，才能使自己的职业生涯规划设计与现实相符合。环境分析包括社会环境、行业环境和组织环境因素三大方面。社会环境因素包括社会政治环境、经济环境、文化环境、法律环境、社会价值观等。行业环境包括行业发展状况、国际国内重大事件对该行业的影响、目前该行业的优势与问题、行业发展前景预测等方面。组织环境包括组织的特征、组织发展战略、组织文化、组织人才发展规划、领导者素质和价值观等。短期的职业生涯规划比较注重组织环境的分析，长期的规划更注重社会环境的分析。每个人在选择职业时，都要通过职业环境分析弄清职业环境对职业发展的要求、影响及作用，对各种影响因素加以衡量、评估并做出反应。关注当前热点职业有哪些，发展前景怎样，社会发展趋势对所选职业有什么影响，要求如何，从而确定该职业在社会大环境中的发展状况、技术含量、社会地位、未来发展趋势等，以便更好地寻求各种发展机会。

3. 确定职业目标

在对自己的兴趣、能力、人格等特质有了一定了解并对外界环境做出分析之后，个体会在自己理想的基础上确定职业生涯的目标。职业生涯目标的设定是职业生涯规划的核心。所以员工在确定职业目标时，首先确定自己的理想和志向，并将其与对自我评估和社会、行业、组织等相关的环境因素的分析结果结合起来考虑，从而确定一个适合自己发展和符合社会要求的职业目标。

4. 制订职业生涯行动计划与措施

把职业目标落实到具体活动中，就需要行动。行动就是为了实现职业生涯目标所要采取的具体措施，也就是找差距、找方法、定方案。它包括工作、培训、教育、轮岗等方面的策略，制订行动计划和措施可分为三个步骤。

（1）对准差距，使自己了解知识、观念、心理素质与能力方面与目标要求的差距。

（2）找对方法，根据差距使用教育培训、讨论交流和实践锻炼的方法来弥补。其中采取教育培训法时，要树立终身学习的观念。我国历来重视终身学习。唐朝文学家韩愈提出"人非生而知之者，孰能无惑"、两千年前孔子说"学而不已，阖棺而止"等，就体现了终身学习的思想。"活到老，学到老"终身学习的箴言更是广泛流传。因此我们每个人都要不断学习，不断接受新知识，以适应社会发展的需要。此外缩小差距的根本方法就是实践锻炼法，可通过实践检验缩小差距的实践效果。

（3）确定实施步骤和完成时间，按照上述三种方法，分别列出具体措施和完成的时间。

职业生涯的计划与措施要制订得具体、明确，以便定期检查落实情况。计划制订之后最重要的还是严格按照计划去执行，只有行动才能缩短自己与目标之间的距离。

5.职业生涯评估与反馈

在整个职业生涯规划实施过程中，根据内外部因素的情况，及时发现生涯规划中各个环节出现的问题，然后对规划进行针对性的调整与完善。因此，要使职业生涯规划行之有效，就必须不断对职业生涯规划执行情况进行评估。首先进行员工职业生涯年度评审，一般一年一次，确定哪些目标已按计划完成，哪些目标未完成。其次找出未完成目标形成的原因，并制定相应的解决对策。最后依据评估结果对下一年度的职业生涯规划进行修订与完善。职业生涯规划调整的主要内容包括职业的重新选择、职业生涯路线的选择、职业生涯目标的修正、实施策略计划的变更等。

三、职业生涯管理

（一）职业生涯管理的含义

职业生涯管理是指组织和员工本人对职业生涯进行设计、规划、执行和监控的过程。职业生涯管理是一个综合性的过程，需要员工本人与组织的共同努力和合作。因此追求员工个人和组织的计划与目标的协调统一是职业生涯管理的宗旨。

有效的职业生涯管理要求个人与组织相互配合，既要使组织具有更高的工作效率，又要使员工个人也感到满意、快乐和成功。组织与个人在这两方面的配合取决于所设计的职业生涯对个人和组织的利益所满足的程度。大部分人力资源管理的人员只是把职业生涯管理简单归结为个人的职业定位与职业发展，这是静态的认识。而真正的职业生涯规划完全是动态以及个人和组织的互动关系。

一般来说，在职业生涯的设计与开发方面，组织的整体需要与员工个人职业生涯的目标之间相互配合。一方面，社会通过法律、环境和文化的作用，以此影响劳动力市场和职业结构。另一方面，组织内部的环境在一定程度下也会影响或限制个人可能获得的职业生涯的机会。因而组织为满足企业的成功必须要具有和配备所需的人力资源，即一定时期内需要多少人？这些人来自何处？他们需要什么技术？组织必须通过招聘、培训、调动

（轮换）来恰当地配备人员。组织致力于把这些需要转化成为员工自己的需要和开发职业目标的机会。这种组织需要和个人需要的结合，在一定程度上决定组织的效益。由于员工的职业生涯可划分为初期、中期和后期。当人们经过的这些阶段不断发展时，其需要、价值观、目标也会随之改变。组织所需要配备的人员也随时间的变化而变化。所有这些变化（个人的和组织的）均是个人的和组织的需要相结合的结果。组织与员工个人的结合也强调在职业环境易变的情况下，个体应承担更多的责任，注重个体胜任力的提升与就业力的增强，使得个体有机会通过组织内与组织间的流动来发展自己的职业生涯。

（二）职业生涯管理的内容

职业生涯管理涉及两个基本层面。第一个层面，即员工的职业生涯自我管理。这是指个人根据自己的职业生涯发展阶段及组织的环境特点，按照职业面临的特征、任务和问题采取符合实际的对策。它是职业生涯成功的关键所在，只有在职业生涯的自我管理的基础上，才能实现组织的职业生涯的全面管理。第二个层面，即组织职业生涯管理，它是指由组织实施的，旨在开发员工的潜力，留住员工，使员工能实现个人职业生涯目标的一系列管理方法。

1. 职业生涯自我管理

第一，员工要培养和掌握对自己的职业生涯进行设计和规划的能力。

第二，员工必须具备接受新知识、新技能的能力，在实践中不断提高自身专业水平和素质，更好地适应环境及改变环境，这是职业生涯自我管理的关键。

第三，员工必须学会与主管人员就职业生涯目标进行沟通和反馈。

第四，员工还必须学会对职业目标进行调整。随着环境条件的改变，某一时期某一阶段的职业目标如果不再切实可行，则有必要进行适当调整。

2. 组织职业生涯管理

组织职业生涯管理的具体内容为以下六个方面：

（1）鼓励和指导员工进行职业生涯设计和规划。根据组织的需要向员工宣传职业生涯设计与规划的意义和作用，为员工提供职业生涯设计方面的便利条件，如提供职业信息，指明组织内部职业发展路径。

（2）监督员工职业生涯计划的执行，并及时向职工反馈信息。

（3）在招聘和选拔的过程中，要考虑到现有员工的职业生涯计划情况，也要考虑到新员工的职业期望和兴趣，更要考虑到组织的要求和所提供的职业发展途径。因此组织必须通过一系列的测试手段选拔和录用符合组织需要的员工。但在录用过程中必须保证员工个人职业生涯计划与组织目标的最佳配合。

（4）人力资源的配置需要与职业生涯设计和规划统一起来。

（5）定期的绩效考评是对员工职业生涯计划的监控。通过绩效考评，可以测量员工个人职业目标的实现程度，也可发现员工的优缺点，扬长避短。还应建立科学、有效的薪酬管理体系，以便对员工的职业目标选择及实现有着长期的激励作用。

（6）组织必须为员工提供广泛的培训和开发活动，帮助他们获得和提高其职业生涯发展所需的工作知识和工作技能，以便在职业生涯道路上顺利发展并实现职业目标。

（三）职业生涯管理的方法

1.组织层次的职业生涯管理方法

从组织角度，为了使员工能够不断地满足组织的要求，组织的工作主要是提供组织的职业需求信息及职业提升路线或策略，了解自己的资源储备，并有针对性地开发组织内部的人力资源。组织职业生涯管理包括以下几种方法。

（1）提供职业生涯信息。具体方法有以下三种：第一，公布内部劳动力市场职位空缺信息。第二，设置合理畅通的职业发展通道，即职业生涯晋升路线，这是组织管理的一项重要任务。职业通道是员工实现职业理想、获得满意工作、达到职业目标的路径。组织中的职业发展通道不止一种，而应是多种可供选择的，以便员工选择适合自己发展的途径。为了使职业通路不断满足组织变化的需要，对职业通路要常作修订。另外，还要适当考虑跨职能部门的安排。第三，建立职业生涯信息中心。其内容涉及公司情况、政策、职业规划、自我学习指南等。要建立本企业的人力资源档案，通过日常的绩效考评及专门的人才评估活动，了解员工现有的才能、特长、绩效、经历和志趣，评估出他们在专业技术和行政管理方面的潜力，确定其职业生涯阶段，记录在档案中，作为制订具体的培养计划的依据。

（2）成立潜能评价中心。实质上就是对员工做定期的业绩评价。潜能评价中心主要用于专业人员、管理人员、技术人员提升的可能性评价。组织中常用的方法有三种。第一，评价中心。主要用于确定管理者候选人，并为其职业发展规划制定和设计培训内容。第二，心理测验。主要运用心理学测验工具对个人职业潜能、兴趣、价值观、职业生涯锚等进行测查，为人岗匹配提供依据。第三，制订替换或继任规划。制定替换或继任规划的目标是保证获得用于填补由于提拔、退休、死亡、离职或调离而造成的职位空缺的合适的人才，以便候选人能够有效地承担将来新的任命。组织为此要采取相应的开发培训、晋升与管理方面的制度措施以应对培养接班人计划。

（3）实施培训与发展项目。这些培训与发展项目具体包括以下几个方面：第一，工作轮换。工作轮换使员工在不同岗位上积累经验，为提升或工作丰富化打基础。这种措施既可是对专业人员的培养，也可作为高级管理人员的培训。这样一是可以消除员工长期干单一工种所带来的呆板、平淡等消极情绪。二是可以对员工进行多方面的综合训练，以培养其综合能力和把握全局的意识。第二，利用公司内外人力资源发展项目对员工进行培训。第三，参加组织内部或外部的专题研讨会。第四，专门对管理者进行培训或实行双通道职业生涯设计。双通道职业生涯路线就是管理路线和技术路线。管理者一旦进入了"双通道晋升阶梯"，就可以根据自己的特长和优势，有针对性地拓展职业生涯。

2. 组织对个人职业生涯管理的方法

职业生涯管理在考虑员工普遍性需求的同时，也应考虑员工个体的差异。个人层次的职业生涯管理方法主要包括以下方面：

（1）给个人提供自我评估工具和机会。

具体方法有：

一是职业生涯讨论会。职业生涯讨论会是由人力资源管理部门统一组织召开，通过有计划的学习和练习以及与成功人士进行交流和研讨，从而帮助员工制订职业生涯规划。员工参与职业生涯讨论，可了解自己的优势与不足、职业兴趣、职业价值观、职业生涯目标及相关信息。同时从老员工或专家那里汲取经验，定位自己的职业生涯目标和发展方向，并掌握实现目标的一些策略和方法。

二是提供职业生涯手册。职业生涯手册可以为员工提供职业生涯所需的信息支持，帮助和指导员工解决职业生涯设计中存在的问题。职业生涯手册主要包括职业生涯管理理论介绍、组织结构图、各岗位的工作说明书、自我评估的方法工具、职业生涯规划的方法与工具、案例介绍与分析等方面的内容。编制职业生涯手册可以寻求外部专家的支持。编制好的职业生涯手册要与员工分享并及时更新。

三是退休前讨论会。主要为退休员工很好地适应退休后的生活而进行的职业生涯咨询和心理辅导。

（2）职业生涯指导与咨询。

员工在职业生涯规划过程中难免还存在一些困难，就需要进行个别的职业生涯指导与咨询。实施职业生涯指导与咨询的人员主要来自三个方面：一是人力资源部的专业人员或具体负责人；二是员工的直接主管；三是组织外的专业指导师或咨询师。在进行职业生涯指导时，咨询人员会利用人职匹配模型帮助员工增进自我了解，在更多职业信息中，做出理性抉择，并使其适应工作和岗位。

第六章　员工绩效管理与薪酬管理

第一节　绩效管理及其过程

一、绩效管理概述

对于每一个组织来说，如要实现其长远目标，就必须从日常的活动抓起，对绩效做精良的管理，才能在日益激烈的竞争环境中立于不败之地，实现生存和发展的目标。

（一）绩效

对于绩效，从不同的角度有不同的理解。从管理学的角度看，绩效是组织期望的结果，是组织为实现目标而展现在不同层面上的有效输出；从经济学角度看，绩效与薪酬是员工和组织之间的对等承诺关系，绩效是员工对组织的承诺；从社会学角度来看，绩效意味着每个社会成员按照社会分工所确定的角色承担他的那一部分职责。

绩效可以从组织绩效、团队绩效、员工绩效三个层面来考虑，但无论是组织绩效还是团队绩效，都来源于员工绩效。

绩效的内涵至少要把握以下三个方面：首先，绩效不仅反映了员工当期或历史贡献，还包含了对未来收益的预期，因此绩效评价不是单纯地对历史结果的回顾和评估过程，更多地包含对员工潜能的预测。其次，绩效的实现包含了诸如成就动机、利他主义、人际知觉、社会抑制等社会心理过程，具有情境嵌入性。最后，绩效是一个难以精确衡量的概念，正如只能运用现金流折现模型或期权定价模型来衡量企业价值一样。

以上三个方面决定了绩效评价是一个复杂的、动态的社会心理过程。

（二）绩效管理

绩效管理（Performance Management）是一个特定组织的管理者对员工绩效进行持续的管理，以更好地开发员工绩效，从而实现组织的战略目标。具体来说，绩效管理就是企业的管理者运用科学的管理工具和方法，对员工个人和群体的行为表现、工作态度和业绩及其他相关的因素进行全面的观察、分析、评估，充分调动员工的主动性、积极性、创造性，不断改进员工和组织的行为模式，以提高员工和组织的整体素质，促进绩效的不断提高，并保证企业及各级子系统保持战略方向上的高度一致，促进企业战略目标实现的管理过程。

绩效管理是这样的一个管理过程：管理者和员工在目标和目标实现方式上经过双向沟通后达成共识，并借此强化员工的承诺意识，促进员工实现个人绩效目标，促进员工实现优良的业绩表现。它贯穿于企业管理的整个过程，涉及各个层次、各个方面，是一个系统的、动态的过程。

1. 绩效管理与绩效考评的关系

传统的绩效管理实践几乎把所有的精力放在绩效考评上，这是有关绩效管理的一个误区，限制了绩效管理的视角，也限制了其功能的发挥，两者的区别在于：

（1）绩效考评仅仅是绩效管理的一个关键环节，只在某一个特定时间段内进行；而绩效管理是一个系统的管理活动，包括绩效计划、绩效实施、绩效评估和绩效反馈等一系列相互联系的程序，是一个持续的过程，有更清晰的战略目的。

（2）绩效考评，简单地说，就是对过去工作成果进行打分，强调事后的评价；绩效管理则是在持续的信息沟通中更好地开发员工绩效，具有前瞻性，并有机地把事前对问题的有效预防、事中对问题及时控制、事后对问题的发现和解决有效结合起来。

（3）绩效考评是一种将注意力放在短期的行为，而绩效管理则更多地关注长期行为，具有战略导向。

2. 绩效管理的功能

（1）促使战略落实。绩效管理将员工的工作活动紧密地同组织的战略目标联系在一起，通过开发改进员工的绩效表现来提高组织的整体绩效，从而积极促进组织战略目标的实现。

（2）强化企业文化。企业文化是企业得以发展的核心竞争力之一，而企业文化的构建则要依靠在企业活动的点点滴滴中去灌输、去强化。绩效管理在这方面起到了无可替代的作用，因为绩效管理注重沟通，形成了灌输管理层价值观和经营理念等的有效渠道，因为绩效管理是持续性的活动并侧重于全方位地改进和提高绩效，也就起到了强化企业文化的作用。

（3）完善管理决策。人力资源越来越受到企业的关注，成为企业生存发展的法宝，如何能更好地开发利用企业的人力资源也就成了管理者需要考虑的重点问题。绩效管理信息，尤其是通过绩效考评得到的信息是管理者进行薪酬、晋升、奖罚、解雇和招聘等一系列人力资源决策的重要依据。

3. 绩效管理在人力资源管理中的地位

绩效管理是人力资源管理的中心环节。绩效管理不仅本身对于良好的人力资源管理起着积极的作用，还能促进人力资源其他活动的有效进行，从而可以更好地实现人力资源目标。

（1）绩效管理与人力资源规划。绩效管理有利于管理者及时发现企业在人力资源方面的问题，如企业的人力配置是否妥善，是否需要引进人才以更好实现组织绩效目标，马上引进还是将来某一特定时间引进等，这些都有利于企业做出更切合实际的人力资源规划。

（2）绩效管理与职位分析。由于职位分析是确定绩效目标的重要基础，通过职位分析来确定某个职位的职责领域和目标产出，因此绩效管理的良好开展有利于促进职位分析活动的开展。

（3）绩效管理与员工培训。绩效管理的目的就是为了发现当前员工绩效的优势以及不足之处，从而更好地开发员工绩效表现的潜力，而正确合理的培训则是开发员工绩效的有效手段。怎样才能使培训发挥其应有的成效？只有对症下药才能治病，而绩效管理就好比是发现"病状"的良好契机，也就为培训提供了有力的依据。

（4）绩效管理与薪酬管理。通过绩效管理，管理者可以对员工的绩效表现有比较清晰和客观的了解，这对于被日益认可的薪酬管理制度是极为重要的。通常来说，绩效决定了薪酬中变化的部分，是做出公正的薪酬决策的根据。

此外，绩效管理还与力资源管理的其他活动有着显而易见的关系。应该

看到的是，任何管理活动都是一项系统的工程，与之相关的各因素相互联系、相互影响。因此，有效地开展人力资源的其他管理活动也会有利于绩效管理的顺利开展，对于绩效管理的考查也应置于人力资源管理系统中去。

二、绩效管理过程

（一）绩效计划

绩效计划是绩效管理的第一个环节，这一环节的成功进行是实现高绩效管理水平的基础。绩效计划是确定组织对其员工的工作绩效期望并得到员工认可和承诺的过程。因此，经过这个阶段，组织和员工必须清楚了解每个岗位上的员工应该达到的绩效水平，以及对员工的知识、技能、能力的要求，也必须清楚相关的工作安排。

这个过程是自上而下的目标分解和确认过程，管理者和员工应该充分地进行双向沟通，将组织目标、部门目标、个人目标有机地结合起来，并寻求组织目标实现的最佳工作安排。同时，这个阶段也将确定绩效考评阶段的考核标准，明确为了实现组织目标，员工在绩效考核周期内应该做些什么、怎么做、做到何种程度，并据此形成对员工的绩效约束，即绩效考核标准。因此，绩效计划阶段的成果就是在管理者和员工就工作目标达成一致的基础上形成系统的绩效计划。

1. 制订绩效目标

在制定绩效目标之前，首先要清楚地了解两点：一是组织的使命和战略目标；二是涉及岗位的岗位职责。这两项内容是开展绩效计划的前提条件。

组织使命和战略规划可以使组织清晰地界定其存在的目的和发展的依据：组织将走向何方，成为什么样的组织。缺乏组织使命和战略规划的组织很容易在复杂的经营环境中失去方向，变得迷茫，以至于在一些经营决策上做出错误的选择，没有正确的努力方向，员工付出的努力恐怕都只能是南辕北辙了。因此，首先要对组织的使命和战略规划进行审视，然后将组织的目标划分为部门目标，进而分解成每个员工的绩效目标，形成一个层层相扣、紧密相关的目标。

除了要清楚地掌握组织的战略规划外，在做绩效计划时，参与者还应很好地了解当前的职位及各自的职责，这是可以通过职位分析来完成的。职位分析定义了组织中的职务以及履行职务的要求。在得到职务分析的有关信息后，还可以拟定或修改职务说明书。职务说明书是关于任职者需要做些什么、怎么做和为什么做的书面说明。依据职位分析，就可以知道每个职位所要承担的工作任务了。

只有综合考虑战略规划和职务分析后，才能正确设定对员工的绩效期望。

2. 建立绩效标准体系

绩效标准是对被考评者的要求，是绩效考评的尺度，为组织提供了绩效表现如何的衡量依据，是绩效管理中的重要一环。没有设计优良的绩效标准，就可能会误导员工的努力方向和行为方式，因为绩效标准就好像学生面对的考试试题，要想取得较好的考评结果，就必须按"试题"思路来应对"考试"。

就像每一场考试一样，考评者首先要清楚考核要素即考核指标是什么。对于一个销售人员来说，是考核他或她的销售成果，即在一定时间段内销售数量，还是考核其与客户沟通频率，比如说每天走访客户的数量，销售人员能及时反馈客户的新需求并提出有效的见解是否在考评范围，对每一问题的不同回答，反映了不同的企业文化观和发展的眼光。因此在设计考核标准时，首先要对考评要素进行慎重的考虑。

绩效标准有定性和定量的区分。定量的绩效标准通常是一个变动范围，下限是最低要求，低于下限的绩效表现是被否定的；上限是最高要求，高于上限的绩效要求是高于期望水平的卓越表现，也正是组织寻求的目标，这两种情况都需要引起管理者的重视，以便扬长避短。而处于这个变动范围的被称为可接受范围，当然这个变动幅度还会被进一步划分，以便对员工的绩效表现做出更精确的测量。

定量的绩效考核标准是被推崇的，它方便做出准确的评估结果，比如绩效正在变得越来越糟还是相反，变化的幅度大不大，这种变化幅度对组织来说意味着什么，需要什么相关的回应活动。同时，定量的绩效考核标准也利于管理者对被考评者进行反馈并做出合理的薪酬决策和人事安排。

但并不是所有的考评要素都能或必须有定量的考核标准，有些考评要素是不能被定量考核的，如：创造力，与顾客的亲和力等一些特征要素，还有些考评要素的定量考核比较麻烦，甚至其收益远远低于设计成本，也就没有必要进行定量考评，而依据定性考评即可。

在某些情况下，还会考虑各绩效考评标准在指标体系中的权重。在任何组织中，每个成员都必须清楚自己首要的或者说重要的工作职责是什么，次要的、再次要的又是什么，才能对自己的时间和精力做出合理的安排，才能对组织的绩效表现起到协同作用。

总结来说，考评指标、考评指标权重、考评标准共同组成了考评标准体系。

3.确定绩效计划的内容

绩效计划是绩效俄计划阶段的系统性成果，一般来说，绩效计划会包括如下内容：

（1）员工在绩效考核周期内应该达到什么工作目标，各目标应该得到什么样的权重。

（2）员工应在何时完成各目标。

（3）完成目标应该带来什么样的结果。

（4）这些结果应该用什么样的标准来衡量。

（5）员工在完成工作应该拥有什么样的权利，应该得到哪些方面的支持。

（6）员工完成工作时有可能会遇到什么样的难题？这些难题应该怎么解决。

（7）员工如何与管理者沟通？员工有哪些途径可以得到及时的反馈。

（8）在什么样的情况下可以对绩效计划进行更改。

在制订计划过程中，一定要进行充分的沟通，得到管理者和员工的一致认可，并把相关的信息及时传送给相关部门和人员，以便为绩效实施创造一个良好的环境。

（二）绩效实施

绩效实施是绩效管理的中心环节，可以说绩效计划、绩效评估和绩效反馈都是围绕这一环节进行的，都是为了在绩效实施阶段有更好的表现。因此管理者应该在这一阶段用较多的精力，踏踏实实地做好每一天、每一步的工作。具体来说，这一阶段，管理者的主要工作是：进行持续有效的沟通、提供必需的支持、收集和记录绩效信息。

1. 持续有效的沟通

有效的沟通贯穿于绩效管理的每一个阶段，但在不同的阶段有着不同的目的，也各有侧重。在这一阶段，要强调持续。同时，也应注意到，作为管理者，他们不仅要强调内部沟通，还要尽可能广泛地收集外部信息，注意外部环境的变化，包括宏观环境对绩效表现有影响的因素，比如说一家经营出境旅游业务的公司就必须及时关注境外的猪流感疫情，与外部相关的部门沟通熟悉信息，及时对其正在进行的有关境外旅游的业务计划做出相应的改动。作为一名中层管理人员能要更多地关注公司战略规划、近期目标和政策等的变化，及时传达给下属，并对原绩效计划或员工的行为表现进行调整。

2. 提供必需的支持

管理者在绩效实施过程中要保持与员工持续有效的沟通，但沟通本身并不是目的，这样做只是为了能及时了解员工工作过程中存在着哪些问题和障碍，进而帮助他们去解决难题，为员工的绩效实施提供一个良好的外部环境。这里管理者的角色是员工的辅导者和支持者。在这一方面，一般来说，管理者应发挥以下几个方面的作用：

管理者应积极联系外部，包括上层管理者、组织中的其他部门、供应商、客户和其他利益相关者，向他们报告本团队的工作进展状况，积极为员工争取必要的资源。比如生产部门的管理人员一定要确保原材料供应部门持续不断地保持供应；为员工争取相关的咨询和培训资源，以提高员工本身的知识技能，改进绩效水平。

管理者是处理冲突的人。当出现冲突时，管理者不能简单地把这视作负面的信号，而应判断分析它的性质，做出妥善的处置，这一点显然是关键的。因为，任何一个团体必定包含着不同价值观、不同教育水平和不同利益的员工，冲突是难以避免的，如果任由冲突发展，势必会导致人员关系的恶化，工作的正常开展将受阻。

管理者一定要努力创造良好的工作氛围，积极倡导积极健康的文化，与员工建立良好的关系，促进员工间互相尊重、互相帮助，并用适当的方式激励员工，使他们保持高绩效的水平或充分发挥潜力。

3.收集和记录绩效信息

在绩效实施阶段，管理者还有一项非常重要的工作，就是收集和记录信息。一个系统、有序的信息收集过程会为以后工作的开展打下坚实的基础。

（1）收集和记录及绩效信息的目的。收集和记录绩效信息主要是出于以下几个目的：①为绩效考核做准备，提供事实依据；②发现问题并及时给出解决方案；③掌握员工的知识和技能水平，找出不足，为有针对性地开展培训提供依据；④为发生争议时仲裁保护提供事实依据。

（2）收集信息的内容。在收集信息时，必须有重点地收集目标信息，尤其是在信息爆炸的时代，冗余的信息会浪费大量的时间和精力。因此，在收集信息前应该明确哪些方面的信息是相关的，是要关注并收集和记录的，依据是绩效计划阶段制定的绩效考核要素或其他关键业绩指标：①绩效好坏或是否达到标准的事实依据；②来自主管人员的对员工表现的观察记录；③来自他人对被评价人员的评价；④绩效表现出现问题的表现和原因；⑤绩效表现突出的行为表现信息；⑥同员工会谈的有关记录；⑦关键时间或其他数据的记录；⑧客户的反馈意见。

（3）绩效信息收集方式。绩效信息的收集途径是多种多样的，这些信息可能来自上级、同事、下级，甚至于组织外部成员，为了确保信息的真实可靠以及客观公正，就要尽可能多地从不同的方面收集信息，并采用尽可能多样的方式。下面介绍几种常见的方式：第一，直接观察法：即管理者直接观察员工的工作表现，收集相关信息；第二，工作记录法：即通过工作记录的方式了解员工的工作表现；第三，他人反馈法：通过听取他人的描述和评价了解员工表现情况；第四，抽查法：定期或不定期抽查产品的数量和质量，用以了解员工的日常表现；第五，调查法：将所要了解的情况设计成调查问卷，进行详细了解；第六，关键事件记录法：将员工表现非常突出或异常的行为记录下来，以发现问题。

（三）绩效考评

绩效考评阶段是绩效管理的一个重要阶段，以至于在某些场合把绩效考评等同于绩效管理。绩效考评阶段之所以比较重要，不仅是因为它往往与员工的直接利益相关，而且因为它不容易做好，常常会给组织的良好运作带来负面影响。在绩效评估中通常存在以下问题：

1.绩效考评的难点

（1）绩效考评与组织文化不相容。

在第一个案例中就出现了这样的问题，原来的员工不适应引进绩效考评的企业文化，而引进的绩效专员又不适应组织的文化。其实，这种情况是因为选择了不适应组织文化的绩效考评方式。由此可见，绩效考评不能与组织的其他因素相脱离，它不过是这个大系统的一部分，因此一定要选择与组织文化相适应的考评方式。

当组织需要对绩效考评方式做调整时，先要审查组织文化是不是支持这种企业文化，只有考评方式是企业文化所兼容的，才有可能成功。相对于考评方式来说，企业文化是很难去改变的，而且一旦形成，会对组织的具体行动和决策产生深远的影响，大有"顺我者昌，逆我者亡"之势。当绩效考评是可选之举，企业文化应该被否定时，也应分步骤、渐进地实施。

（2）绩效考评不公平。

这点是由多方面的因素造成的，大致可以概括为评估者主观因素和技术问题。技术方面的问题主要指：①绩效考评的标准体系设计不当。合理的考评标准体系一定要有针对性，因职位而异，要尽量采用多个指标。②考评标准的界定不清。应尽量使用定量标准，并对等级的节点作明确的约定。③采用不合适的考评方法。考评的方式一定要根据不同的考评目的选择相应的考评方式。④采用不合适的考评程序。恰当的考评程序应该能考虑到各个方面的影响因素。

（3）绩效考评过程流于形式。

绩效考评的过程流于形式主要是以下几个方面的原因引起的：上层管理者对考评结果不重视，像上述第二个案例中出现的情况就反映了这一点；因为文化因素的影响，在重视人际关系的文化里，绩效考评可能会对人际关系造成负面影响，因此考评者也会避免过于认真；管理者的心理，这点在上述第二个案例中也有体现，管理者不想得罪下属，墨守"得饶人处且饶人"，不愿对下属的表现做出苛刻的评价；对考评者缺少必要的培训。这些因素往往就会使绩效考评成为"填考评表"这样的机械工作。

（4）绩效考评的结果不能被正确地利用。

如果不能充分并正确地利用考评的结果，绩效考评就没有实际的存在意义，也只能成为只有支出而无收益的工作。

管理者只有对绩效考评有正确的认知态度，把绩效评估的每一点做到位，才有可能把绩效评估作为一个改进绩效、提高管理水平的契机。

2.绩效考评周期

绩效考评周期就是指多长时间对员工的绩效进行一次考核。绩效考核周期并没有统一的标准，但频繁的绩效考评势必占用大量的时间、精力和财力，也会对员工的正常工作带来影响；而很长时间才对绩效进行一次考评，又不利于发现员工的问题，也会影响最终的绩效表现。在确定绩效考评周期时，通常要对以下因素进行综合考虑。

（1）行业性质。不同的行业，经营周期一般不同，绩效考评周期也就因之不同，经营周期长的行业绩效考评周期相对来说较长。

（2）职位性质。不同的职位，工作内容一般来说会有差异，对组织绩效也就会有不同的影响。工作内容简单，易于考评的工作职位考评周期相对较短，比如促销员的考评周期显然要比区域经理的短；对组织绩效有较大影响的职位需要较短的考评周期，以便及时发现问题，保持组织的绩效水平。比如说，销售类员工的考核周期要比行政职务者的短。

（3）指标性质。指标性质相对稳定的，绩效考评周期也就会较长。比如说对生产线工人，其生产量绩效考评周期就会长一些；而对于一个设计人员，其创新能力可能在每设计中都要被考评。

（4）标准性质。标准性质其实也就是绩效目标的问题，目标容易实现的标准绩效考评周期较短。比如"在作文课上写一篇文章"与"编著一系列丛书"，其绩效考评周期就会存在较大的差异，前者肯定远远短于后者。

一般来说，我们在实际操作中应做到：考评是持续的工作，要保持记录绩效表现，然后结合定期的考评结果综合进行评价。

3. 绩效考评者

传统上，对员工绩效的考评是由被考评者的直接上属进行的，这样做的依据是直接上属最为清楚员工绩效如何、对组织绩效有多大贡献，但这样的做法，正逐渐被360度考核所代替，原因是传统的这种考评方法存在着一些弊端：

第一，分散了管理者的时间和精力。管理者可能要花费大量的时间去观察和记录员工的日常表现，有时，管理者对下属的小绩效考评是很难进行或实现的，比如，上属对派遣在外的员工的日常行为表现的考评是无法进行的。

第二，增加了管理者的工作压力。尤其是当考评结果会直接影响下属的切身利益或长远发展时，管理者的压力就会更大，有些时候还会导致管理者和下属的关系恶化，进而影响工作的顺利开展。

第三，导致考评结果不公平。由于考评者的主观因素或外界因素的干扰，只让员工的直接上属对其考评，极易导致员工绩效表现失真，产生不公平的结果，会挫伤员工的积极性。

360度考核是一种全方位的考评方式，考评结果来自直接上属、本人、同事、下属和客户的综合考评，考评结果更加公平，因此被广泛运用。

4. 考评者易犯的主观错误

在考评过程中，考评者的主观因素会直接决定考评结果，所以只有认识了考评易犯的错误，才能有效避免。

（1）晕轮效应。晕轮效应是指考评者依据被考评者的一方面或某些方面的表现而对其做出评断。

（2）从严/从松。这点是指某个考评者会给全部考评者较高（从松）或较低（从严）的评价，致使考评结果失真，比如说一个实际表现不合格的下属，可能会被从松的考评者评为合格。

（3）趋中倾向。趋中倾向是指考评者在对下属做出考评时，会尽量避免很好和很差两个极端，而给大致相同的评断。这不利于员工表现的好坏区分，在实践中，经常运用强制分布法来加以避免。

（4）首因效应。首因效应也就是常说的第一印象，如果考评者对被考评者的第一印象是好的，就极易总是做出对其有利的评价，反之亦然。

（5）近因效应。近因效应就是由于对最近发生的事情记忆深刻，就容易因最近发生的事情而对被考评者在一个考评周期的表现做出不合理的评价。经常说的"马上要考评了，一定要好好表现呀"，其实也是依据于此。

（6）相似性错误。相似性错误是指容易对和自己相似的人做出较好的评价，这些相似性可能指属于一个共同的群体，或者在性格、爱好、工作方式等方面差不多。"惺惺相惜"就是一个典型的反面例子。

（7）暗示效应。暗示效应是指考评者的评断极易受到一些周围"意见领袖"的影响。在日常生活中，偶像或领导的无意识或有意识的暗示，会直接影响的考评结果。

（8）从众心理。从众心理是指极易做出与周围人一致的评价，无论真实的情况如何。

（9）对比效应。对比效应是指常常会将某个被考评者与其他被考评者做出比较，然后对这个被考评者给出评价结论。比如一个员工在一个整体比较优秀的群体里可能会得到相对较差的评价结果，而在整体较差的群体里则是优秀者。

（10）感情因素。我们常说"对事不对人"，而事实上，我们则可能会"对人不对事"，把对被考评者的感情因素带入到对此人的绩效考评中去。如果对被考评者有成见，那就会经常"怎么看怎么觉得不顺眼"，无论被考评者在某方面多么优秀，都不能得到好的评价。

（11）马太效应。罗伯特·莫顿（Robert K.Merton）将"马太效应"归纳为：任何个体、群体或地区，一旦在某一个方面获得了成功或进步，就会产生一种积累优势，就会有更多的机会取得更大的成功和进步。在考评中，就是会对那些以往表现好的被考评者给出比较好的评价，使他们得到更多荣誉和奖励，以后他们也更可能得到有利于他们的评价。

（12）群体偏见。群体偏见是指容易根据某人所属群体来对其进行考评，比如会误认为来自重点大学的学生都比来自一般本科大学的学生好，而不具体考虑个体的实际情况。

为避免这些主观错误或技术错误，在考评前就要做好充分的准备，设计合理的考评表格和程序等，并对考评者进行培训，让他们掌握正确的考评方法。但只有这些还不够，还要进一步选择正确的考评方法，才能得到合理的考评结论。

（四）绩效反馈

绩效反馈是绩效管理的最后一个阶段，起着承上启下的作用，绩效管理能不能发挥其最大的作用，关键在于能不能在做好前面三个阶段的工作后，解决发现问题，并做好相关的后续工作，真正地把绩效管理落到实处。

这里将从更广泛的意义上讨论绩效反馈，它包括两个方面：绩效反馈面谈，绩效考评结果的应用

1. 绩效反馈面谈

绩效反馈面谈对于管理者来说是件棘手的工作，比较难做，主要是因为：管理者和员工对绩效面谈的认知不正确，把绩效面谈看成表面工作或是批斗会，管理者认为和下属讨论他们的问题有些尴尬，会影响双方关系。

如果绩效面谈流于形式，会给双方造成时间和精力的浪费，而如果在交谈方式等方面出现问题，绩效面谈也必然会招致管理者和员工的厌烦。所以面谈前充分的准备和面谈时的一些技巧都是必需的。

（1）绩效面谈的准备工作。

绩效面谈的准备工作，通常来说，会从以下几个方面来考虑：

一是时间。面谈一定要选在双方都方便的时候，都有充裕的时间专心地进行深入的交流。

二是地点和场所。一定要选在一个比较中立、气氛稍微缓和、相对封闭的地点。若选在管理者办公室，会给会谈造成压力。同时，面谈也要尽量选择能避免打扰和外人听不到的场所。一个合适的场所会促进绩效面谈的顺利进行。

三是准备必需的资料。在面谈前，要准备好工作记录、绩效考评表等可以向员工展示问题的资料，以便面谈时查阅。

四是准备会谈内容。员工存在怎样的问题、应该怎么解决、以什么样的方式和他们交

流、员工可能的反应是什么、应该怎么回应等问题,管理者在会谈前要有所考虑和准备。绩效面谈对象在组织中的层次越高,就要想得越深入,准备得越充分,这样的面谈对组织的发展带来的影响也越深远。

五是提前通知员工。在进行绩效面谈前一定要及时通知员工,让他们有比较充分的准备,对自己的绩效表现和以后的发展、改进思路等进行思考,这有助于绩效面谈深入、顺利地进行。

(2)绩效面谈的原则。

在绩效面谈中,如果能把握以下原则,对绩效面谈的成功会有所帮助:

第一,真诚信任:不要故意夸大或忽视问题,真诚坦率地把问题用事实描述出来,在信任的基础上讨论问题的解决方法。

第二,肯定否定并存:不能单方面一味肯定或一味否定,只肯定不利于以后的提高,只否定则会使员工产生抵制情绪。

第三,平等交流:在交流中,不要因级别或地位的不同给员工造成心理压力。

第四,多听少说:绩效面谈主要是讨论怎么帮助员工解决问题,只有多听、认真听,才能对他们的问题有更清楚的了解,有助于问题的解决。

第五,具体深入:一定要把问题的症结所在具体地指出来,越具体越有助于为员工提供明确的改进方向和方式。

第六,展望未来:绩效面谈是为了以后的改进,因此不能把视角只停留在过去,而要积极地为以后的发展做准备。

第七,针对事情:不要把绩效问题归结为员工的性格问题,进而否定性格、否定员工,而应针对问题,指出解决办法。

第八,避免冲突:在面谈过程中,交谈双方难免在一些问题上存在分歧,管理者一定要控制情绪,尽量避免争论,必要时,给员工找个台阶下。

(3)绩效面谈的程序。

在面谈前的准备过程中,要认真考虑怎么安排程序才能收到比较好的效果。

第一,开场白:怎么样开始面谈,要根据不同的情况来选择,一般来说尽量以轻松的方式开始,拉近双方的心理距离。必要时,还可以先谈些无关的话题,由无关的话题引入到必要的话题上,但也要注意时间和内容上的控制。如果员工比较理智和冷静,也可以直接切入正题。

第二,面谈:一般来说,在面谈中,会就以下问题展开讨论:对员工的绩效期望是什么水平,考评标准是什么,员工绩效表现和标准之间的差距在哪,问题在哪,以后怎么改进，员工对标准、期望、问题、以后的发展期望等有什么看法，应该提供什么帮助和支持等。但这些问题按什么样的顺序进行，则没有统一答案，或许这些问题要分几次讨论才能解决。

第三，结束：在合适的时机，双方就问题基本达成一致后，应尽快结束，以免显得拖沓，影响面谈效果。尽量选择一种积极的方式结束，给员工留下美好的印象。

第四，总结：绩效面谈结束后，管理者一定要及时总结，看有无疏漏，并总结经验、吸取教训，为以后的面谈做准备。

绩效面谈是管理者和员工寻求双赢途径的机会，所以管理者一定要做好准备并不断提高自己的面谈技能，争取面谈的成功!

2.绩效考评结果的应用

绩效考评的结果如果得不到合理的应用，则会让绩效管理的效果大打折扣。绩效考评的结果主要在以下几个方面得到应用：

（1）薪酬调整。越来越多的企业将职位与绩效挂钩，与奖金的分配挂钩，因职位不同，绩效和薪酬的关联度也会有所不同。将员工的绩效表现作为薪酬依据，会使组织的薪酬体系更加趋于公平合理，也会在一定程度上对员工起到激励作用。

（2）职位变动。通过员工的绩效表现，可以了解员工的优势和劣势，了解他们更容易把什么样的工作做好，据此，对员工的职位进行上调、下调或平调，使人力资源优势得到最大限度发挥，也有利于员工个人的职业发展。

（3）完善培训。通过绩效考评和绩效面谈，就能更清楚员工的知识、技能水平，在哪些方面亟待改进，而据此设计更有针对性的培训项目，也可以检测目前的培训方式存在哪些问题，需要怎么改进才能使员工受益更多、进步更快。

（4）员工招募和选拔。绩效考评可以了解什么样的员工更适合某一个岗位，他们应该具有什么样的特质，应该设立什么样的标准进行参考，这会更容易找到组织或某个岗位需要的人，改善组织的人力资源，降低招募和管理成本。

（5）人力资源规划。绩效考评可以帮助了解组织现在的人力资源水平、人员配置状况，与要实现的目标绩效之间的差距，以做出更切合实际的人力资源规划。

（6）员工个人职业规划。通过绩效考评，可以了解员工的能力水平和目前存在的问题，再通过绩效面谈，可以帮助员工作出更适合他们的职业规划。

（7）绩效改进。应该说绩效改进是绩效考评最直接的目的，要根据目前的绩效表现情况，制定绩效改进的计划和步骤，推动组织绩效的不断改进。

第二节 绩效考评的方法解读

绩效考评方法是绩效考评的核心，对绩效考评效果起着至关重要的作用，因为它也决定了员工的绩效应该得到一个什么样的评价，所以会对员工对组织的态度以及以后的表现趋向等产生影响，也会对公司的发展走向产生一定的影响。鉴于此，组织一定要根据自己的情况，在各有优劣的绩效考评方法中选择适合自己的。

一、绩效考评基本方法

（一）比较法

比较法主要包括简单排序法、交替比较法和配对比较法。

简单排序法根据员工的绩效考评成绩或平时表现的总体印象直接从高到低排名，比较简单、直接，易于操作。

交替排序法的步骤是：先把即将进行考评的所有被考评者的姓名列出来；根据考评成绩或平时表现的总体印象找出最优者和最差者，分别排到第一名和最后一名；然后再在剩下的员工中找出最优者和最差者，分别排到第二名和倒数第二名；依此进行，直到将所有员工排到应在的排名位置，排序结束。

配对比较法（Paired Comparison Method，PCM）的操作步骤是将每位被考评者与其他的考评者——进行比较；然后根据每位被考评者得到的"优"的次数进行统计；按次数多少对被考评者进行排序。

（二）强制分布法

强制分步法（Forcecl Distribution Mpthorl，FDM）的操作步骤是：考评者将绩效表现分成几个等级，比如说优、良、中、差四等，为每一类设定一个百分比，然后将员工分到各个等级中，分配比率必须和事先确定的百分比一致。

这种考评方法的优点在于可以避免考评者的从松、从严或趋中倾向等主观错误，而且简单、易行，但也存在着不容忽视的缺陷：当被考评者整体表现优秀或较差时，这种考评方法就失去了其公允性。

（三）图尺度评价法和要素评定法

1. 图尺度评价法

在考评前，事先对每个考评指标进行主观表述或划分数字等级，然后对每位被考评者，按每一个考评指标做出主观表述或等级评价，最后汇总其考评成绩，按成绩的高低进行排序。

2. 要素评定法

要素评定法是在图尺度评价法的基础上进行改进得到的，这种考评方法考虑了不同指标的重要性，或者直接赋予不同指标在考评成绩的权重来得到每位被考评者的总成绩，或者为不同指标的相同等级设置不同的分数，对每位被考评者以及每一个考评指标做出主观表述或等级评价，然后汇总其考评成绩。

（四）关键事件法

关键事件法是管理者直接观察或从其他途径收集到最能体现员工绩效的重要事件，把它作为对员工绩效评价的依据。关键事件包括关于员工的积极行为和消极行为。

这种考评方法设计成本低、便于操作，能够给员工提供有效的绩效表现信息和工作指导，以便员工进行有针对性的改进，但是这种评价方法的使用有局限性：对脑力和一些抽象的岗位类型不太适合；对关键事件的记录比较耗费时间和精力，且易受主观因素影响；得到的结果也不利于在各员工之间进行比较。

（五）行为锚定等级评价法

行为锚定等级评价法（Behaviorally Anchored Rating Scale，BARS）结合了图尺度评价法和关键事件法两者的特性，其具体实施步骤如下：

第一，获得有关员工绩效表现的一系列关键事件。

第二，将关键事件进行分类，并设立能表现员工绩效的考评指标。

第三，建立绩效考评等级。

第四，建立成熟的绩效考评体系。

二、绩效考评常用方法

（一）平衡计分卡

平衡计分卡的核心思想是通过顾客、财务、内部业务流程、学习与成长四个维度来考评绩效，实现组织的发展目标。顾客维度关注顾客对组织的评价，顾客是否满意组织为他们提供的产品和服务等；财务维度是一直备受关注的考评指标，实际上也是传统绩效考评的唯一指标，它是组织过去经营的成果，也是组织赖以生存和发展的基础；内部业务流程维度关注组织的核心竞争力，即组织擅长做什么；学习和成长维度关注企业未来发展的潜力。

1. 平衡计分卡的特点

平衡计分卡正在被越来越多的组织采用，因为它具备以下优点：

（1）改变了传统的只重视财务指标（代表过去绩效）的情况，寻求财务指标和非财务指标的平衡，也就是在寻求长期目标和短期目标、外部评价与内部发展的平衡。

（2）能反映企业的战略，发展和完善组织的战略管理。

（3）减少了次优化行为的发生，由于它从顾客、财务、内部业务流程、学习与成长四个维度来考评绩效水平，就会避免以牺牲一个方面来发展另一个方面的情况。

（4）实现了考评与控制的统一，在绩效的目标制定、实施和反馈过程中，实现了组织的管理控制。

尽管平衡计分卡存在着上述的优势，但它开发难度大、管理成本高，对组织的管理水平也有着较高的要求，所以也不是普适的方法，组织一定要结合自身的情况考虑是否选用以及是否在吸收其核心思想的基础上进行改进。

2. 平衡计分卡的实施步骤

（1）明确企业战略，建立组织的顾客、财务、内部业务流程、学习与成长四个维度的绩效目标；

（2）确立部门和各业务单元的绩效目标，并据此确定平衡计分卡的内容；

（3）建立与平衡计分卡的内容相适应的绩效标准；

（4）绩效考评。根据组织考评的有关制度和程序，各部门或业务单元独立或在人力资源部门的参与下，对员工绩效进行考评，并进行考评反馈。

（二）KPI考核法

KPI（Key Performance Indicator）考核法，又叫关键绩效指标考核法，其关键在于建立关键业绩指标。关键业绩指标的指导思想是"二八原理"，即一个组织80%的业绩来自20%的绩效表现，而每个员工80%的绩效又是由其20%的关键行为产生的。所以对于组织来说，就是必须抓住能带动公司发展以实现战略目标的关键部分，并把它们提炼成最能代表绩效的、能衡量或可行为化的指标，以此作为对员工进行考核的基础。关键绩效指标在组织战略目标和员工绩效之间建立起了关联,组织如想取得成功就要依靠员工在特定方面做出特定程度的努力。

1. KPI考核法的特点

为了更好地说明KPI考核法的特点,要先分析该考核法的优势和劣势。

KPI考核法具有以下优点:

第一,发挥了组织战略在绩效管理中的导向作用。KPI考核法将组织战略目标层层分解,并划分到个人,这就保证了企业战略的实施和员工在行动方向上的一致性。

第二,不仅提供了一种对员工的激励约束机制,因为KPI考核法的假设前提是员工会采取一切必要的行动来实现已定目标,也就相当于还取得了员工的承诺来完成个人目标。

第三,将注意力集中在关键指标上,能够促使组织对有效的资源进行最优化配置。

第四,如果利用平衡计分卡的方式建立KPI体系,就能很好地将财务指标与非财务指标结合起来对员工绩效进行考察,不仅关注了短期效益,也兼顾了长期发展的目标,指标本身不仅向员工传达了应该实现怎样的目标,也指出了如何实现这些目标。

当然,KPI考核法在支持"二八原理"时,往往会忽略关键指标外的其他因素,而这些因素将可能影响关键指标的实现,或者由于现在的忽略,这些因素会在将来成为组织发展的瓶颈。

通过以上分析可以看出,KPI考核法的主要特点在于抓关键指标和目标分解,因此在使用时,一定要注意实施的前提条件,并结合组织自身的特点选择是否使用KPI考核法。

2. KPI考核法的程序

与传统方法相比,导入KPI的关键业绩考核法有其优越性,但也要通过一定的程序并遵守特定的原则来保证考评顺利实施一般来说,使用KH考核法会遵循如下几个步骤:

(1)确定分解组织目标:首先明确组织的战略目标;从组织到各部门再到各业务单元确定和分解目标。

(2)确定关键业绩指标:各业务单元首先确定关键业务项目,选择关键业绩指标,建立指标考评标准。

(3)审核关键业绩指标:由于关键业绩指标有很强的指导作用,因此要再次确认这些指标是否全面、综合地反映组织和业务单元的目标,是否能反映员工的绩效,是否具有可操作性等。

（4）实施考评：根据组织考评的有关制度和程序，各部门或业务单元独立或在人力资源部门的参与下，对员工绩效进行考评，并进行考评反馈。

（三）360度绩效考核法

360度绩效考核法（360° Feedback）又被称为全方位考核法，代表了前沿的管理思想，是指从被考评者有工作关系的多方主体获得员工绩效表现反馈信息，进而对被考评者进行全方位和多维度的考评。其信息来源包括：上级管理者自上而下的评价，下属自下而上的评价，本人的评价，同事的评价，客户和供应商的评价等。

1. 360度考核法的优点

360度考核法的优点集中体现在以下几个方面：

（1）增加了绩效考评的公正性，避免了只有直接上级考评的主观臆断性和为满足私利而进行的不公正考评。

（2）加强了部门之间的沟通，因为360度考评不是在一个封闭的体系内进行的，部门管理者需要向外部有关人员报告本部门的工作表现情况，增进部门间的相互了解，改善部门间的关系。

（3）员工参与绩效考评过程，增强了员工的主人翁精神。

（4）增强了人力资源部门决策的透明性，360度考核提供了比较客观公正的考评结果，有助于人力资源部门做出公正的人事决策。

2. 360度考核法的缺点

随着360度考核法的深入使用，也引起了一些争议，有以下几点：

（1）增加了考评体系的复杂程度和管理成本，因为这种考评方法需要收集来自多方的信息，设置不同的考评表格，也需要更多的配套管理活动，这使其操作变得复杂，需要占用更多的人力、物力，提高了管理成本。

（2）员工有可能利用机会报复他人，尤其对于上级的评价会受感情因素影响，扭曲考评结果。

（3）容易流于形式。

需要指出的是，平衡计分卡、KPI考核法以及360度考核法都不是独立的考评方法，它们只是在绩效考评过程中的某个阶段的工具或技巧，并不相互排斥，在必要时，甚至把它们结合使用会产生更好的效果。

第三节　薪酬管理及设计流程

一、薪酬概念及其构成

（一）薪酬概念的理解

薪酬是员工因向所在的组织提供劳务而获得的各种形式的酬劳。狭义的薪酬指货币和可以转化为货币的报酬。广义的薪酬除了包括狭义的薪酬以外，还包括获得的各种非货币形式的满足。

对于薪酬的概念我们可以这样理解：

第一，薪酬支付的前提是雇佣关系。只有在事实雇佣关系存在的前提下，才能产生薪酬支付行为。没有雇佣关系存在，所支付的不能称为薪酬。

第二，薪酬支付的主体是雇主。雇主在权衡企业经营状况、员工实际工作绩效、行业薪酬水平等因素的前提下，确定员工薪酬标准，支付薪酬。

第三，薪酬支付的客体是雇员。雇员是薪酬的接受方，员工所得薪酬是由于其提供了劳动而获得的酬劳或答谢。根据舒尔茨的人力资本理论，薪酬是员工对自身进行人力资本投资的收益，包括正规教育投资、社会教育投资、在职教育投资、医疗投资、劳动力迁移投资等。

第四，薪酬支付的内容是薪水和酬劳。根据米尔科维奇的观点，薪酬包括直接的货币收入和间接的可以用货币度量的各种具体服务与福利之和。

（二）与薪酬相关的概念

1. 报酬

报酬指员工从雇主或企业那里获得的作为个人贡献回报的他认为有价值的各种东西，可分为非货币性报酬和货币性报酬。

非货币性报酬指对员工有相当程度的吸引力，但却不是直接以货币形式表现出来的一些因素，如社会地位、成长和发展机会、富有挑战性的工作、工作满足感、工作的自主性、特定的个人办公环境、参与决策的机会、工作地点的交通便利性等。非货币性报酬往往被称为内在报酬，对员工产生发自内心的心理激励，从而增强员工的工作责任感、工作满意度，降低员工的流动率、缺勤率，提高工作绩效。

货币性报酬是指员工属于所得到的各种货币收入和实物，包括直接报酬和间接报酬。直接报酬表现为工作、绩效奖金、利润分享、股票期权等。间接报酬表现为养老保险、医疗保险、带薪假期、住房补贴等各种福利。

报酬与广义的薪酬概念内涵相同，但不同的是报酬比薪酬更加强调员工在心理上的感知。

2. 工资

我国劳动部在《关于贯彻执行〈中华人民共和国劳动法〉若干问题的意见》中把工资定义为：劳动法中的"工资"是指用人单位依据国家有关规定或劳动合同的约定，以货币形式直接支付给本单位劳动者的劳动报酬，一般包括计时工资、计件工资、奖金、津贴和补贴、加班工资及特殊情况下支付的工资等。由此可见，工资是劳动者劳动收入的主要组成部分。

3. 薪水

按《辞海》上解释，薪水旧指俸给，意指供给打柴汲水等生活上的必须费用。工资和薪水的划分属于习惯上的考虑。一般而言，劳心者的收入为薪水，劳力者的收入为工资。在中国台湾地区，薪金与工资统称为薪资。在日本，工资被认为是对工厂劳动者的给予，薪金是对职员的给予，在其他西方国家，传统上分为薪酬和薪水。薪水的支付对象为白领，企业按时间给他们付薪，如月薪、年薪，这些人通常为管理者或者专业技术人员，而薪酬的支付对象为蓝领员工，他们从事体力劳动，采取小时工资制，对于法定工作时间以外的加班，企业必须支付加班薪酬。因此，薪金和工资是基本报酬的两种表现形式，都是工作的报酬，在本质上无区别。

4. 薪资

薪资是比工资和薪金内涵更广泛的一个概念，它不仅指以货币形式支付的劳动报酬，还包括以非货币形式支付的短期报酬，如津贴、工作津贴、物质奖励等。

应当注意的是，薪酬不仅是管理学领域研究的重点，也是经济学研究的重要组成部分。经济学研究中，一直采用"工资"的概念，它对应的是"劳动力价格"，关注的是工资的性质及工资的确定方法，管理学则更多地关注对薪酬的管理。

（三）薪酬的构成

从上述对薪酬概念的分析可以看出，非经济性报酬是总体薪酬的重要组成部分。然而，关于薪酬和薪酬管理的研究中，由于大多数员工主要关注经济性报酬部分，故我们将主要分析企业对经济性报酬的安排。经济性报酬主要包括以下内容：

1. 基本工资

它是以员工的劳动熟练程度、工作的复杂程度、责任大小、工作环境、劳动强度为依据，并考虑劳动者的工龄、学历、资历等因素，按照员工实际完成的劳动定额、工作时间或劳动消耗而计付的劳动报酬。它包括等级薪酬、岗位薪酬、结构薪酬、技能薪酬和年功薪酬等几种主要类型。在国外、基本工资往往有时薪、月薪、年薪等形式，而在中国，大多数企业提供给员工的基本工资为月薪。基本薪酬虽然能帮助员工避免收入风险，但它与员工的工作努力程度和劳动成果没有直接联系。

2. 绩效提薪

是根据员工的年度绩效评价结果而确定的对基础工资的增加部分，是对员工超额完成工作部分或工作绩效突出部分的奖励性报酬，旨在鼓励员工提高工作效率和工作质量。绩效薪酬与员工的业绩挂钩，通常随着员工的工作业绩变化而调整，可以是长期的，也可以是短期的。其常见的形式有绩效加薪、一次性奖金和个人特别绩效奖等。

3. 激励薪酬

也称为可变薪酬，是企业预先将利益分享方案告知员工的方法。雇主根据员工的工作绩效进行奖励。激励薪酬可以与员工个人绩效挂钩，也可以与其所在团队及组织绩效相挂钩，分别称为个体奖励、团体奖励和租住奖励。需要注意的是激励薪酬不仅与员工的个人绩效相关，还与员工在组织中的位置相关，它通常等于两者的乘积。激励薪酬与绩效薪酬的区别一是在于导向的不同，激励薪酬具有未来导向，绩效薪酬是过去导向；二是在于绩效薪酬通常会加到员工的基本工资上，是对基本工作的永久性增加，而激励薪酬是一次性付给的，对劳动成本没有长期的影响。

4. 津贴和福利

福利和津贴属于附加薪酬，也叫福利薪酬。其中福利指组织为员工提供的各种物质补偿和服务形式。福利分为强制性福利和企业自愿福利，强制性福利包括社会保险、法定假日、劳动安全三块内容；企业自愿福利是指企业根据自身特点，有目的、有计划、有针对性设计的福利项目，如补充保险、健康计划等。

津贴是对员工在非正常情况下工作所支付额外劳动消耗和生活费以及员工身心健康所给予的补偿，其中把属于生产性质的称为津贴，属于生活性质的称作补贴。非正常工f环境包括高温高空作业、矿下水下作业、有毒有害环境下作业等，其具体的形>式有高温补贴、子女教育津贴、住房补贴等形式。

二、薪酬功能表现

（一）薪酬的社会功能

薪酬水平的高低将直接影响到国民经济的正常运行；同时，社会的总体薪酬水平反映了该国总体社会和经济发展水平。合理的薪酬有利于满足人们的多种需求及经济社会的平等与效率的提高。具体体现为以下几个方面：

第一，薪酬是市场劳动力价格的信号。为了保证雇佣双方的公平交易及市场的供求平衡，作为主要要素市场之一的劳动力市场是政府的主要干预场所，这体现为国家各地方政府对最低工资标准的规定。

第二，薪酬是宏观经济运行的参考因素。薪酬是企业成本的重要组成部分，同时也对区域经济发展、产品市场及国际贸易等产生重要影响。在中国劳动力市场，企业占据优势地位，劳动者处于弱势地位，为了保障员工基本合法权益，政府必须对劳动力市场进行监管，发挥宏观调控作用。

第三，薪酬是衡量社会公平的标准。薪酬是社会成员收入的主要来源之一，是社会公平的指示器。通过薪酬的变动，可以发现不同社会层面、社会群体的收入变动与收入公平问题。政府通过对全社会薪酬的宏观调控，如采取提高最低工资标准，加大对中产阶层的培育等手段，缩小社会收入差距，维护社会价值分配的公平正义。因此薪酬差距成为衡量社会公平的标准。

第四，薪酬是财政支出的重要组成部分。政府公务员、公共管理部门相关人员的收入构成了政府财政支出的重要组成部分之一。对公务人员的薪酬管理不仅会影响到政府财政开支，而且会对私营部门产生示范效应。

（二）薪酬的企业功能

1. 有助于控制经营成本

薪酬对于企业具有十分重要的作用，企业所支付的薪酬水平高低直接影响其在劳动力市场上的竞争能力，保持较高的薪酬水平对于吸引和留住员工无疑是有利的，但较高的薪酬水平意味着企业生产成本上的压力，在某种程度上对企业在产品市场上的竞争又会产生不利影响。尽管劳动力成本在不同的行业和不同企业中占据经营成本的比例不同，但对任何企业来说，薪酬成本都是一块不容忽视的成本支出。通常情况下，薪酬总额在大多数企业的总成本中占到40%~90%的比重，行业之间具有较大差异。

2. 有助于提升企业经营绩效

员工及其工作状态是企业经营战略成功的基石，也是企业良好经营绩效的基本保障薪酬对于员工行为、工作态度及工作业绩具有直接影响，不仅决定了企业可以招募到的员工数量、质量及企业的人力资本存量，还决定了现有员工受激励的状况，影响现有员工的工作效率、出勤率、组织归属感、组织承诺度，从而直接影响企业生产能力和工作效率。企业薪酬体系向员工传递着一种强烈的信号，使员工了解什么样的行为、态度及业绩是受到鼓励的，从而引导员工的工作行为、工作态度及工作业绩。因此，充分发挥薪酬的调节作用是提高和改善企业经营业绩的有效途径。

3. 有助于塑造和强化企业文化

薪酬会对企业员工的工作行为和态度产生很强的引导作用。因此，合理而激励性的薪酬制度帮助企业塑造良好的企业文化，或者对已经存在的企业文化起积极的强化作用。如以小组和团队为单位进行工资的发放，可以强化员工们的团队精神和合作意识，增强组织凝聚力，从而支持一种团队文化；反之，如果企业的薪酬政策和企业文化价值存在冲突，则会对企业文化和企业价值观产生消极影响。事实上，企业的文化变革往往与薪酬变革相伴发生，甚至薪酬变革作为文化变革的先导出现。

4. 有助于支持企业变革

当前变革已经成为企业经营过程中的一种常态。为适应这种状况，企业一方面要重新设计战略、再造流程、重建组织结构；另一方面要变革文化、建设团队以更好地满足客户的需求。总之，企业必须变得更灵活，对市场和客户的反应更加迅速。然而，这一切变革都离不开薪酬，因为薪酬可以通过作用于员工个人、工作团队和企业整体来创造出与变革相适应的内部和外部氛围，简单而有效地推动企业变革。据统计，在企业流程再造的努力中，50%~70%的计划都未达到预期的效果，其中一个重要原因就在于再造后的流程和企业的薪酬体系之间缺乏一致性。

（三）薪酬的员工功能

1. 经济保障功能

从经济学的角度来说，薪酬实际上是劳动力的价格，其作用在于通过市场将劳动力尤其是具有一定知识、技能、经验的稀缺人才资源配置到不同的用途上去。因此，薪酬最终表现为企业和员工之间达成的一种供求契约，企业通过员工的工作来创造市场价值，同时企业对员工的贡献给予经济上的回报。薪酬收入对于劳动者及其家庭所起到的保障作用是其他收入保障手段无法替代的。这种保障作用体现在满足员工的吃、穿、用、住、行等方面的基本生存需要，也体现在满足员工在娱乐、教育、自我开发等方面的发展需要。

2. 心理激励功能

从心理学角度看，薪酬是劳动者个人与企业之间的一种心理契约，这种契约通过员工对于薪酬状况的感知而影响员工的工作行为、工作态度及工作效率，即产生激励作用。一般情况下，员工的需要是从低层次向高层次递进，当低层次需要得到满足后会产生更高层次的需要，员工的薪酬往往是多层次并存的，因此，企业必须注意同时满足员工的不同层次的薪酬需要。

从激励的角度看，员工较高层次薪酬需要得到满足的程度越高，则薪酬对员工的激励作用越大；反之，如果员工的薪酬得不到满足，则很可能出现消极怠工、工作效率低下、人际关系紧张、缺勤率和员工离职率上升、企业凝聚力和对员工的忠诚度下降等不良后果。因此，必须设置科学合理的薪酬制度和政策，消除员工的不满情绪。

3. 信号功能

员工把薪酬系统看成是企业对某种活动或行为的重要信号：如果企业的分配政策显示学历高工资就高，那就使员工去继续学习，提高学历；如果企业薪酬以服务时间长短为基础，则可以培养忠诚度，在一定程度上降低离职率；如果企业奖励为企业带来收益的诚信和创新行为，则会鼓励员工讲诚信、营造创新文化。另外，企业根据岗位的重要性不同而给予不同的报酬水平，表明企业重视不同岗位的价值等。任何一种报酬政策都会给员工提供信号，促使其向有利于自身的方向努力。

4. 价值功能

薪酬通过对员工收入的调整，对其行为进行强化，从而引导员工实施与企业目标一致的行为。薪酬反映了员工的绩效，是员工晋升的验证，也是员工身份和地位的象征。随着劳动生产率的提高，员工薪酬也不断增加，经济性收入不再是员工的唯一需要，员工对权力、地位与自我实现的需要将有可能增强。

三、薪酬设计流程

薪酬设计是一个系统的流程，通过前期的内部薪酬和外部薪酬调查获得关于薪酬满意度及薪酬竞争力的相关信息，然后就相应的职位进行工作评价，确定工资等级标准，最后进行薪酬结构的设计。薪酬设计是从企业战略、制度层面到具体技术操作的一个系统化过程。

（一）薪酬设计的原则

1. 公平原则

薪酬制度设计的公平原则包括内在公平和外在公平两个方面。

内在公平指的是企业内部员工的一种心理感受，企业的薪酬制度制定以后，首先需要获得企业内部员工的认可，使大家觉得自己与企业内部其他员工相比所得的报酬是公平的。这需要薪酬管理者经常了解员工对公司薪酬的意见，采用一种透明、竞争、公平的薪酬体系，这对于激发员工的积极性具有重要作用。

外在公平指的是与同行业内其他企业特别是具有竞争力的企业相比，企业所提供的薪酬应该是具有竞争力的，以保证企业在人才市场上招聘到优秀的人才及留住公司内现有的优秀员工。这需要薪酬管理者经常进行市场薪酬调查，关注外在薪酬的变化，相对于国外的管理者比较注重正式的薪酬调查，国内管理者则较重视与同行业内其他管理者的交流，或者通过公共就业机构获取薪酬资料，这种非正式的薪酬调查方式成本低廉，但信息准确度较低。

2. 竞争原则

高薪对于人才无疑具有巨大的吸引力，但一个企业能够提供的薪酬则需要根据企业自身的财力、物力、所需人才的可获得条件而定。企业竞争力是一个综合指标，薪酬并不是唯一的影响因素，当企业具有很好的社会声誉、社会形象或在人才眼中具有很好的发展前景时，只满足外部公平性的薪酬也可以吸引到一部分优秀人才。

劳动力市场的供求状况也是遵循竞争原则时需要考虑的重要因素。我国劳动力市场总体趋势是供大于求，但就某种类型的人才来说，可能会出现供不应求的局面，比如高级管理人员、专业技术骨干等稀缺人才。反映在薪酬上，当此种人才供不应求时，他们具有较高经济型薪酬要求的同时，对其他非经济性福利要求也较多，管理者在进行薪酬设计时不能忽略了这种类型的人力资源对薪酬设计的独特要求。

3. 经济原则

企业的目的是吸引和留住人才，为此会提高自己所支付的薪酬水平，但是，一个企业受到物力、财力及市场环境的影响，所能提供的薪酬总是在一定范围内的，超过了一定范围，企业经营成本超过收益，企业就会难以为继。除了高薪以外吸引优秀人才的条件还有很多，比如宽松的组织氛围、良好的企业文化、多样化的晋升途径，若能满足优秀人才对其他方面的需求，同样可以留住优秀人才。因此，在薪酬设计时要遵循经济原则，进行人力资本核算，将人力成本控制在一个合理范围内。

4.激励原则

外在公平和薪酬的竞争力相对应,内在公平则更多地与激励性相对应。每个人具有的能力有差别,贡献率不一样,不同贡献率的人应该得到不同的报酬,如果得到同样的报酬,则实质上是不公平的。要真正解决内在公平的问题,就要根据员工的能力和贡献大小适当拉开其收入差距,让贡献大的人获得较高薪酬,以充分调动其积极性。同时,薪酬系统内所设计的不同形式的奖金、福利及其他激励措施,将会给员工带来较大的激励作用。

5.合法原则

薪酬设计当然要遵守国家法律和政策。这是最起码的要求,特别是国家有关的强制性规定,在薪酬设计时企业是不能违反的,比如国家关于最低工资标准的规定、有关员工加班的工资支付规定、法定节假日的计算等。

6.战略原则

薪酬设计除了应该遵循以上这些原则以外,还有一项原则,那就是战略原则。这一原则要求在薪酬设计的过程中,一方面要时刻关注企业的战略需求,并通过薪酬设计反映企业战略、企业文化、企业鼓励和支持的方向;另一方面把实现企业战略转化为对员工的薪酬激励并体现在企业的薪酬设计中。

基于战略的结构化薪酬设计时要同时考虑战略、制度和技术三个层面。就战略层面而言,企业的不同价值取向决定了企业对员工的评价是鼓励创新还是保守为主,相应地在薪酬设计上体现为给创新部门的薪酬待遇如何。就制度层面而言,这是战略层面的细分,涉及工资制度、奖金制度、股权制度等具体的制度设计与执行,在制度层面上需要注意与公司其他制度的配合与协调,促进组织内部的均衡发展。就技术层面而言,则涉及将战略层面的理念融入具体的薪酬管理工具中,设计出有效的制度,使战略、制度、技术成为一个不可分割的整体。

(二)薪酬设计的影响因素

薪酬设计涉及在同行业中找到合适的定位,同时达到薪酬的外部竞争性和内部公平性,因此其影响因素包括了外部的影响因素和内部影响因素。其外在的影响因素主要是指:①劳动力市场的供需关系与竞争状况,竞争对手的薪酬政策和水平对企业确定自身员工薪酬的影响较大。②地区及行业的特点与惯例,沿海与内地、基础行业与高科技行业、国有大中型企业与三资企业集中地区等之间的差异。③当地的生活水平,当地平均生活水平及物价等方面影响着薪酬的调整;④国家的有关法律法规,对于妇女、童工、残疾人的特殊保护,及特殊工种在工作环境上的特殊要求等都将影响薪酬体系的设计。其内在影响因素指的是：①企业的性质与内容，对于传统的劳动密集型企业劳动成本在总成本中占据的比重较大，而对于技术密集型企业，则劳动成本在总成本中的比例相对较低，因为大量的成本需要用来购买先进的仪器和设备。②公司经济状况与财务实力，在劳动成本增加而产量与其他输入量不变的情况下，生产率会降低，故企业应当注意在既有的企业财务能力条件下如何平衡加薪与提高生产率的关系③公司的管理哲学与企业文化，主要指企业领导对员工本性的认识与态度。认为经济刺激是员工最大的且基本唯一追求目的的领导，与那种认为金钱绝非员工工作唯一动力的领导在薪酬政策上会有很大的差异。

（三）工作分析与薪酬调查

1. 工作分析

关于工作分析前文已有详细的阐述，在此只是进行简单的描述与回顾。配合企业的组织发展计划做好岗位设置，在做好岗位设置的基础上进行科学的工作分析，这是做好薪酬设计的基础和前提，通过这一步将会产生清晰的企业岗位结构图和工作说明书体系。这一活动的主要目的在于评价各种工作岗位或职务的相似与差异，并判断这些差异是否值得用不同的薪酬来体现。

2. 职位评价

工作分析反映了企业对各个岗位和各项工作的期望及要求，但不能揭示各项工作之间的相互关系，因此要通过工作评价来对各项工作进行分析和比较，并准确评估各项工作对企业的相对价值，这是实现公平的第一步。最后得出的是以具体的金额来表示每一工作职位对本企业的相对价值，这一价值反映了企业对该工作在岗者的要求。需要指出的是，这些用来表示职务相对价值的金额，并不是职位在岗者真正的薪酬额，而是在组织内部公平的基础上得出的结论，真正的薪酬额需要融入外部公平性后，在"薪资等级与定薪"后完成。主要的职位评价方法有职位排序法、职位分类法、因素比较法、要素计点法，以及各大公司常用的在以上几种方法的基础上发展起来的海氏评价法。

3. 薪酬调查

（1）薪酬调查的含义与作用。

薪酬调查指的是企业应用一系列标准、规范和专业的方法、手段，对市场上各职位进行分类、汇总和统计分析，形成能够客观反映市场薪酬现状的调查报告，从而获得其薪酬决策所需要的各种信息，判断其所支付的薪酬状况，为本企业建立薪酬体系、制定薪酬策略、进行薪酬预测提供参考的过程。企业薪酬调查是薪酬设计中的重要组成部分，包括外部市场薪酬的调查和内部薪酬满意度的调查，其重点解决的是薪酬的对外竞争力和对内公平性问题。薪酬调查报告能够帮助企业实现个性化和有针对性地设计薪酬的目的。

一般来说，薪酬调查主要有以下几个目的：帮助制定新员工的起点薪酬标准；帮助查找企业内部工资不合理的岗位；帮助了解同行业企业调薪时间、水平、范围等；了解当地工资水平并与本企业比较；了解工资动态与发展潮流；

（2）市场调查的内容。

在进行市场调查时，有必要区分开两种不同类型的岗位：一般岗位和特殊岗位。一般岗位是那些在大多数的企业都存在的工作岗位，它们有着相对稳定的工作内容，在薪酬市场调查中很容易得到有关的薪酬信息；特殊岗位是企业特有的工作岗位，关于特殊岗位的薪酬数据不可能轻易地通过市场调查来获得。

薪酬调查需要解决的问题是：搜集哪些数据？是仅仅搜集基本工资还是全部货币薪酬总额？是搜集企业岗位的中等薪酬水平还是最高或最低付薪水平？企业最好的做法是：对以上所提到的数据都进行搜集，以确定企业各个方面在劳动力市场中所处的位置。

（3）市场调查的对象。

市场调查的主要对象通常包括企业在劳动力市场和商品市场的竞争对手。薪酬调查者可以向这些企业的市场调查人员（当然也可以是普通员工）搜集有关的信息，因为他们提供的数据一般比较准确，而且这样也可以促进企业间在薪酬工作上的互通与合作。企业的薪酬调查者也可以从有关的咨询机构或者企业协会那里获得薪酬信息。另外，政府的统计调查部门、地方性的经济协会，甚至杂志、报刊等也可以提供一些有用的信息资料。

（四）薪酬结构与等级设计

1.薪酬结构设计

此方法将所有岗位的薪酬水平完全按照工资政策线确定，这样就将市场调查的外部信息与岗位评价的内部信息结合了起来，充分考虑了薪酬制度的内部公平性。具体的做法是，在得出了工资政策线后，将所有岗位（包括一般岗位和特殊岗位）的岗位评价得分代入工资政策线，得出各个岗位的薪酬水平。

2.薪酬等级设计

（1）薪酬等级设计。

薪酬结构指薪酬的各构成项目及其所占的比例。一个合理的薪酬结构应该是既有固定薪酬部分，如岗位工资、技能工资、工龄工资等，又有浮动薪酬部分，如业绩工资、奖金等。同一企业内从事不同性质工作的员工薪酬构成项目可以有所不同。如对销售人员可以实行绩效工资制，薪酬构成项目主要是提成工资；而生产服务人员的工资构成中可能主要是计件工资。

企业薪酬结构的确定主要是确定不同员工的薪酬构成项目。薪酬结构类型主要有以绩效为导向的薪酬结构（绩效薪酬制）、以岗位或职务为导向的薪酬结构（岗位薪酬制）、以技能为导向的薪酬结构（技能薪酬制度）、组合薪酬结构（混合薪酬制度）等。现代企业大多实行以岗位为导向的薪酬制度。

以岗位为导向的薪酬结构，其特点是员工的薪酬主要根据其所担任的职务（或岗位）的重要程度、任职要求的高低以及劳动环境对员工的影响等来决定。其薪酬随着职务（或岗位）的变化而变化。以岗位为导向的薪酬结构有利于激发员工的工作热忱和责任心，缺点是很难反映在同一职务（或岗位）上工作的员工因技术、能力和责任心不同而引起的贡献差别。

无论是什么薪酬结构，都要反映不同岗位之间在薪酬结构中的差别，为此要确定若干岗位等级作为薪酬等级的依据。岗位等级要以岗位评价的结果为依据，根据岗位评价得到的每个岗位的最终点数，划分等级。为了在薪酬管理中操作简便，往往将岗位评价结果接近的岗位（在同一点数区间的岗位）定为一个等级，从而划分出若干岗位等级。

为了反映在同一岗位级别上的员工在能力上的差别，企业在实际薪酬管理中往往在同一薪酬等级中划分若干个档次。也就是说，在确定了员工所在岗位对应的薪酬等级后，可以根据员工个人能力水平高低的不同进入该薪酬等级的不同档次，并可以根据绩效考核结果逐年调整。但员工薪酬的变动范围一般不超过该薪酬等级的上、下限，除非员工的岗位发生变动。由于企业的岗位等级一般都是金字塔形，岗位级别越高，可提供的岗位越少，员工的升迁机会越少。为了弥补由于岗位数量少而给员工薪酬带来的损失，薪酬等级之间的薪酬标准可以重叠。

（2）宽带薪酬。

在现代企业中应用越来越广的薪酬等级设计方式为宽带薪酬。宽带薪酬或者薪酬宽带实际上是一种新型的薪酬结构设计方式，它是对传统上那种带有大量等级层次的垂直型薪酬结构的一种改进或替代。根据美国薪酬管理学会的定义，宽带型薪酬结构就是指对多个薪酬等级以及薪酬变动范围进行重新组合，从而变成只有相对较少的薪酬等级以及相应的较宽薪酬变动范围。一般来说，每个薪酬等级的最高值与最低值之间的区间变动比率要达到100%或100%以上。一种典型的宽带型薪酬结构可能只有不超过4个等级的薪酬级别，每个薪酬等级的最高值与最低值之间的区间变动比率则可能达到200%～300%而在传统薪酬结构中，这种薪酬区间的变动比率通常只有40%～50%。

与企业传统的薪酬结构相比，宽带薪酬支持扁平型组织结构，有利于企业提高效率及创造参与型、学习型企业文化，并利于保持自身组织结构的灵活性；宽带薪酬以员工的绩效贡献为依据，而不是员工个人所在职位为依据，有利于引导员工重视个人技能的增长和能力的提高；宽带型薪酬结构由于减少了薪酬等级数量，减少员工横向、向下调动的阻力及其所带来大量行政工作，有利于职位的轮换；宽带型薪酬结构是以市场为导向的，能密切配合劳动力市场上的供求变化，有利于管理人员以及人力资源专业人员的角色转变。

（五）薪酬制度的实施与修正

薪酬制度一经建立，就应该严格执行，发挥其保障、激励功能。在保持相对稳定的前提下，企业还应随着经营状况和市场薪酬水平的变化对薪酬制度作相应的调整。在确定薪酬调整的比例时，要对总体薪酬水平做出准确的预算。目前，大多数企业是由财务部门在做此预算，为准确起见，最好由综合管理部门参与做此预算，因为财务部门并不清楚具体薪酬数据和人员的变动情况。综合管理部门要建好薪酬账目，并设计出一套比较合理的预算方法。在制定和实施薪酬制度的过程中，及时的沟通、必要的宣传或者培训是保证薪酬制度顺利实施的成功因素之一。

四、绩效工资设计——奖励

绩效工资设计即对员工的奖励，因为员工的奖励是根据其绩效来确定的。企业通过分发奖金，或将奖金拨入退休金累积或分发企业股票给出色员工，以激励员工。奖励属于可变性薪酬，它与员工的工作绩效直接相关，随着其实际工作绩效的变化而上下浮动。大量的研究已经证实，以奖励为主要内容的可变薪酬制度有利于提高员工的绩效，因此被广泛地使用于各类型企业中。

奖励分为三种基本的类型：

一是现金利润分享：这种体系的支付额是利润或盈利性的某些度量标准的函数。起决定作用的度量标准包括完全会计利润、经营利润、资产回报、投资回报及其他可能的回报。纯利润完全可以分享或从一个标准起开始分享。盈利性度量标准可应用于一个公司、机构、部门或其他组织实体。

二是收益分享：经济收益的分享是伴随组织的业绩改善而产生的，通常使用的度量标准包括成本、质量、生产率、出勤率、安全性、时效性（反应灵敏度）、原料和库存利用、环境协调性、客户满意度等。这些度量标准的基础水平也许包括目前表现、过去表现及对目前或过去表现的改善。

三是目标分享：当完成组织或团队的目标后，企业将支付预先确定数额的薪酬。通常确定目标所涉及的变量与收益分享所涉及的变量相同。一些计划对每个变量只设立一个目标，而其他一些计划为每个变量设立多个目标层次，其支付额逐步增加。

在实际应用中，这三种方式往往复合使用。在设计绩效工资时需要考虑奖励的单位究竟是在个人层面、团队层面，还是在企业层面。

（一）个人层面的奖励制度

个人奖励制度是根据员工个人的生产数量和品质来决定其奖金的金额，常见形式有计件制、计效制、佣金制。

1. 计件制

这是按产出多少进行奖励的方式，包括：

（1）简单计件制。

其计算公式为：

$$应得薪酬 = 完成件数 \times 每件工资率$$

此方法最大的优势在于容易为工人所理解和接受，直接将保持与工作效率相结合，可激励员工勤奋工作。但每件工作率往往很难确定，容易引起员工猜忌。另外，还容易导致员工一味追求数量而忽视质量，因此必须有检验制度加以配合。

（2）梅里克多级计件制（Merrick's Premium System）。

这种计件制将员工分成了三个以上的等级，随着等级增高，较高等级的工资率在最低等级工资率的基础上依次递增10%。中等和低等的员工获得合理的报酬，而优等的员工则会得到额外的奖励。

$EL = N \times RL$（在标准80%以下时）

$EM = N \times RM\ RM = 1.1RL$（在标准80%~100%时）

$EH = N \times RH\ RH = 1.2RL$（在标准100%以上时）

其中，RH、RM、RL分别表示优、中、低三个等级的工资率，依次递减10%；N代表完成的工作件数或数量；EH、EM、EL分别代表优、中、低三个等级的员工获得的收入。

（3）泰勒的差别计件制。

这种计件制首先要制定标准产量，然后根据员工完成标准的情况有差别地给予计件工资。

$E = N \times RL$（当完成量在标准的100%以下时）

$E = N \times RH\ RH = 1.5RL$（当完成量在标准的100%以上时）

其中：E代表收入，N代表完成的工作件数或数量，KL代表低工资率，RH代表高工资率，RH通常为低工资率的1.5倍。

梅里克和泰勒的计件制的特点在于用科学方法加以衡量，高工资率要高于单纯计件制中的标准工资，对高效率的员工有奖励作用，对低效率员工改进工作也有一定刺激作用。

2. 计效制

这是把时间作为奖励尺度，鼓励员工努力提高工作效率，节省人工和各种制造成本，主要方式有：

（1）标准工时制。

这种奖励制度以节省工作时间的多少来计算应得的薪酬，当工人的生产标准要求确定后，按照节约的百分比给予不同比例的奖金。

（2）哈尔西50—50奖金。

此方法的特点是工人和企业分享成本节约额，通常进行五五分账，若工人在低于标准时间内完成工作，可以获得的奖金是其节约工时的工资的一半，即：

$$E=T \times R+P（S-T）R$$

其中，E代表收入，R代表标准工资率，S代表标准工作时间，T代表实际完成时间，P代表分成率，其通常为二分之一。

3. 佣金制

佣金经常用于销售行业。企业销售人员的薪金相当大一部分是其产品所赚得的佣金。具体形式有：

（1）单纯佣金制、其计算公式为：

$$收入=每件产品单价 \times 提成比率 \times 销售件数$$

对销售人员而言，单纯佣金制是一种风险较大且富有极大挑战性的制度。

（2）混合佣金制其计算公式为：

$$收入=底薪+销售产品数单价 \times 提成比率$$

（3）超额佣金制

其计算公式为：

$$收入=销售产品数 \times 单价 \times 提成比率-定额产品数 \times 单价 \times 提成比率$$

上述三个计算公式中，提成比率可以是固定的，也可以是累进的，即销售量越大，提成率越高；也可以递减，即销售量越大，比率越低。提成比率的确定应顾及产品性质、顾客、地区特性、计单大小、毛利量、业务状况的变动情况。

（二）团队层面的奖励制度

团队层面的奖励制度是以团队的生产或绩效为单位，奖励团队内所有成员。这里的团队可以是一个全日制的工作团队，如某个部门；也可以是跨职能部门的兼职工作团队，如由不同专家组成的智囊团；还可以是短期的全日制工作团队，如为完成某个项目临时组建成的团队。当工作成果是由团队的共同合作所促成，很难分别衡量每个员工的贡献，或当企业在急剧转型中，无法订立个人的工作标准时，适合采用团队奖励制度。

1. 斯坎伦计划

斯坎伦计划的目的是减少员工劳动力成本而不影响企业的运转，奖励主要是根据员工的薪酬（成本）与销售收入的比例，鼓励员工增加生产以降低成本，因而使劳资双方均可以获得利益，其计算公式为：

$$员工奖金 = 节约成本 \times 75\%$$
$$= （标准工资成本 - 实际工资成本）\times 75\%$$
$$= （商品产值 \times 工资成本占商品产值百分比 - 实际工资成本）\times 75\%$$

其中，工资成本占商品产值百分比由过去的统计资料而得。

2. 拉克计划

拉克计划在原理上与斯坎伦计划相仿，但计算方式要复杂得多。拉克计划的基本假设是工人的工资总额保持在工业生产总值的一个固定水平上。拉克主张研究公司过去几年的记录，以其中工资总额与生产价值（或净产值）的比例作为标准比例，以确定奖金的数目。

3. 现金现付制

现金现付制通常将所实现利润按预定部分分给员工，将奖金与工作表现直接挂钩，即时支付、即时奖励。需要注意的是，要将奖金与基本工资区别开，防止员工形成奖金制度化的误解。

4. 递延式滚存制

递延式滚存制是指将利润中发给员工应得的部分转入该员工的账户，留待将来支付。这对员工跳槽形成一定的约束，但因为员工看不到眼前利益，因而会降低鼓励员工的作用。

5. 现付与递延结合制

即以现金即时支付给员工一部分应得的奖金，余下部分转入员工账户，留待将来支付，它既满足了对员工的现实的激励作用，又为员工日后尤其是退休以后的生活提供了一定的保障。

由于团队工作方式的兴起，基于团队的奖励制度也日趋流行，并不断得到创新。团队薪酬的目的在于鼓励合作，在这一点上它比基于个人的奖励制度更为成功，但团队薪酬也会使得员工难以发现他们的绩效最终影响他们的薪酬而产生搭便车等现象，同时由于收入的稳定性较低也增加了员工的薪酬风险。

（三）企业层面的奖励制度——利润分享和股权激励

企业层面的奖励制度多采用利润分享和股权激励的形式。当企业的利润超过某个预定的水平时，将部分利润与全体员工分享。分享的形式包括现金分红、拨作退休金和股票期权等。利润分享形式旨在鼓励努力的员工帮助企业赚取利润，加强员工对企业的投入感和提高他们继续留在企业工作的可能性利润分享适宜用在劳资关系良好的企业、小型企业或用在行政管理人员身上。利润分享中的现金分红方式与上述的团队奖励方式大致相同，故不再赘述。下面对日益流行的股权激励制度进行介绍。

股权激励制度在国外的上市公司中使用十分普遍，我国的股份制企业也开始采用。股权激励多用于对公司高级管理层的长期激励，其出发点是要使受激励的人和企业形成一个利益共同体，减少股份公司的代理成本，并聚集一批优秀人才，实现企业的持续、快速、稳定发展。也有的企业对全体员工实行股权激励，但根据员工职位高低不同而给予的股权激励程度有差异。在实践中，股权激励通常有以下几种形式：

1. 限制性股票

限制性股票是专门为了某一种特定计划而设计的激励制度。如公司为了激励高管人员将更多的时间和精力投入到某个或某些长期战略目标中，公司会预期该战略目标实现后，公司的股票价格应当上涨到某一目标价位，然后公司将限制性股票无偿赠予高管人员。只有当股票达到或超过目标市价时，他们才可以出售限制性股票并从中获得收益，但在限制期内不得随意处置股票，如果在此期间内辞职或被开除，股票会因此被没收。

2. 股票期权

股票期权，是指一个公司授予其员工在一定的期限内（如10年），按照固定的期权价格购买一定份额的公司股票的权利。行使期权时，享有期权的员工只需支付期权价格，而不管当日股票的交易价是多少，就可得到期权项下的股票。期权价格和当日交易价之间的差额就是该员工的获利。如果该员工行使期权时，想立即兑现获利，则可直接卖出其期权项下的股票，得到其间的现金差额，而不必非有一个持有股票的过程。究其本质，股票期权就是一种受益权，即享受期权项下的股票因价格上涨而带来的利益的权利。股票期权不可以转让，但可继承。按期权的行权价与授权日市场价格的关系，股票期权可以分为三种：①零值期权或评价期权，即行权价等于股票市场价；②实值期权或折价期权，即行权价低于股票市场价；③虚值期权或溢价期权，即行权价高于股票市场价。

3. 虚拟股票或股票增值权

虚拟股票计划的安排是公司给予高管一定数量的虚拟股票，对于这些股票，高管没有所有权，但是与普通股东一样享受股票价格上涨带来的收益，以及享有分红的权利。股票增值权是公司给予公司高管的一种权利：公司高管可以获得规定时间内规定数量股票价格上升所带来的收益，但是高管对于这些股票同样没有所有权。虚拟股票和股票增值权都是在不授予高管股票的情况下将公司高管的部分收益与股价上升联系起来。两者的区别在于虚拟股票可以享受分红而股票增值权不可以。股票期权的设计原理与股票增值近似，两者的区别在于：认购股票期权时，持有人必须购入股票；而股票增值权的持有者在行权时，可以直接对股票的升值部分要求兑现，无须购买股票。

4. 延期支付计划

延期支付计划是将公司高管的部分年度奖金以及其他收入存入公司的延期支付账户，并以款项存入当日的公司股票公平市场价格折算出的股票数量作为计量单位，然后在既定的期限内（如5年后）或公司高管退休后，以公司股票形式或依据期满时股票市值以现金方式支付给公司高管。

5. 业绩股票

业绩股票是指股票授予的数额与个人绩效挂钩，运作机制类似限制性股票。公司确定一个股票授予的目标数额，最终得到的数额随公司或个人达到、超过或未能达到业绩目标而定。最终得到的价值取决于挣得的股票数额和当时的股票价格。

业绩股票通常与延期支付计划联系较为紧密，很多公司综合两者的特点制定混合型的股权激励计划。例如，根据业绩确定高管人员的货币或股票奖励，这些货币或奖励同时纳入延期支付计划，在既定的限期后予以支付。

6. 员工持股计划

员工持股计划（Employee Stock Option Plan，简称ESOP）又称员工持股制度，是员工所有权的一种实现形式，是企业所有者与员工分享企业所有权和未来收益权的一种制度安排。员工通过购买企业部分股票（或股权）而拥有企业的部分产权，并获得相应的管理权，实施员工持股计划的目的，是通过让员工持有本公司股票和期权而使其获得激励，这是一种长期绩效奖励计划。在实践中，员工持股计划往往是由企业内部员工出资认购本公司的部分股权，并委托员工持股会管理运作，员工持股会代表持股员工进入董事会参与表决和分红。

此外，在我国的具体情况和政策环境之下，也产生了一些有特色的股权激励计划，如对下属公司的股权激励计划、公司高管收购（MBO）、高管人员直接持有发起人股份或非流通股等形式。值得注意的是，我国的股票市场和政策环境尚不成熟，以致在探索过程中出现了很多问题。然而，股票奖励制度确实能在一定程度上将员工特别是高管的个人利益与企业的长远利益联系起来，因此，这是股份制企业不可忽视的一种激励方式。

（四）绩效工资的设计与实施

绩效工资的设计与实施可以遵循以下步骤：

1. 体系设计的准备过程

由于任何组织变革之初往往会面临很多障碍，所以奖励体系设计与实施必须要有充分的准备，准备的过程有以下几步：

（1）让管理层及其他风险承担者尽量详细地了解奖励。

（2）评估奖励是否能对组织的经营状况产生积极的影响，即评估奖励是否与企业和组织战略相适应。

（3）确定奖励计划的参与者。

（4）明确小组界限。明确奖励是以公司整体业绩为基础还是以一个业务单元（部门、子公司、工作团队等）业绩为基础，或是以个人业绩为基础。

（5）试行奖励计划。先在一个或几个工作地点试行奖励计划。

（6）评价组织准备的充分性。准备是否充分涉及的因素有：管理层对变革的责任感，雇员的参与，信息分享的方式，员工的信任，团队合作的范围，就业稳定性，变革的可接受性，以及经营状况。

（7）设计过程决策，包括选择设计小组，确立指导方针和程序，与企业内其他成员、高级经理沟通获得支持等过程。

2. 选择基本计算公式

计算公式是奖励制度的核心，因为它确立了需要改善哪些类型的业绩，这种改善为参与的雇员提供报酬。公式的选择分为以下几步：

（1）回顾管理层的商业计划、发展战略、期望和设计原则。

（2）确认恰当地加入奖励计划的业绩变量。变量的选择标准包括：对企业的重要性、雇员的可控性、影响的广泛性。

（3）决定基本的公式类型。基本的公式包括：现金利润分享、收益分享和目标分享。

3．奖励计划在实施中遇到的问题

我国企业目前实行的绩效工资制——奖励主要是以个人层面为主的奖金制度，而小组层面、部门层面、团队层面和企业层面的奖励较少，利润分享计划和收益分享计划更是鲜见，这是我国企业在奖励制度设计方面的最大不足。另外，在实行奖励计划时也常常存在以下问题：

（1）奖励福利化，即把奖金作为一种福利待遇支付给员工。

（2）奖励平均化，即奖金人人都有，人人一样。

（3）奖励工资化，即企业将奖金的数额固定并且每月定期与工资一起支付。

（4）奖励职务化，即企业按照职务等级高低发放，而不是根据工作绩效的差异。

奖励人情化，即奖金的支付受到人情关系的影响，如管理者按照自己的喜好和印象鼓励下属，或由员工相互评选先进来给予奖励。表面看来由员工评选先进的办法似乎很民主，但是并不科学，有违奖励的本质。因为企业奖励的目的是用报酬激励员工的绩效，而不是考核员工相互间的关系。

第四节 员工福利管理

员工福利制度是指企业内的所有间接报酬，包括带薪休假、员工保险、员工服务、退休计划、教育津贴和住房津贴等。这些奖励作为企业成员福利的一部分，奖给职工个人或者员工小组。员工取得的福利数额是由年资和职级确定的。福利必须被视为全部报酬的一部分，而总报酬是人力资源战略决策的重要方面之一。

从管理层的角度看，福利可对以下若干战略目标做出贡献：协助吸引员工；协助保持员工；提高企业在员工和其他企业心目中的形象；提高员工对职务的满意度。与员工的收入不同，福利一般不需要纳税。由于这一原因，相对于等量的现金支付，福利在某种意义上来说，对员工就具有更大的价值。但福利制度和薪酬制度一样，如果使用不当也会增加员工的流失率，减弱企业的竞争能力，因此要注意谨慎设计和运用。

一、福利与薪酬的比较

福利是企业支付给员工的间接薪酬。

与直接薪酬相比，福利具有两个重要的特点：一是直接薪酬一般采用货币支付和现期支付的方式，而福利一般采取货物支付和延期支付的方式；二是直接薪酬具有一定的可变性，与员工个人业绩直接相连，而福利则具有准固定成本的性质。

与直接薪酬相比，福利具有自身的独特优势：①形式灵活多样，可以满足员工的不同需求。②保健性，福利是具有保健性质的薪酬部分，利于提高员工工作的满意度，有助于吸引新员工、保留优秀老员工，增强企业凝聚力。③税收优惠性，与薪酬不同的是，员工福利不用缴纳税费，可以使员工得到更多的实际收入。④规模效应，福利一般是由企业集体购买某些产品，具有规模效应，可以使员工节省一定的支出。

但与薪酬相比，福利也有不足之处，主要在于：①与员工绩效分离，由于福利具有普遍性，与员工的个人绩效关系并没有太大联系，因此在激励员工提高工作绩效上的作用没有薪酬那么明显。②难以灵活变动，员工福利具有刚性，一旦给员工提供了某种福利，就很难将其取消，这样会导致福利的不断膨胀，从而增加企业的负担。

二、福利设计的影响因素

福利并不仅仅是企业自身的事情，它还必须符合劳动力市场的标准、政府法规和工会的要求，并应按照企业的竞争策略、文化建设和员工激励的需要而制定，福利制度的设计应考虑外在和内在的因素。

（一）外在因素

1. 劳动力市场的标准

与薪酬一样，企业在制定福利制度时，应参考劳动力市场调查的资料，并决定企业的福利水平究竟是高于、低于还是与竞争对手的相当。常用的参考资料包括行业内企业提供的福利范围、成本和受惠员工的比例等；而常用的比较指标则包括福利费用总成本、平均员工福利成本和福利费用在整个薪酬中的百分比等。值得一提的是，随着时代的发展，福利在总成本的比例在不断地上升。

2. 政策法规

企业在制定福利政策时必须遵守《劳动法》及企业所在地的政府规定，如对劳动保险、劳动安全保护、法定假期、产假、各项社会保险、残疾人照顾及歧视条例等，以免触犯法律、法规，引起法律纠纷。

3. 工会咨询

有时企业需要与工会进行协商，以确定福利计划的范围和内容。

（二）内在因素

1. 企业竞争策略

不同的竞争策略需要有不同的福利制度相配合。在企业的成长初期，致力于开创事业，应尽量减低固定的员工福利，如退休金；企业应以直接的方法，如员工持股计划，奖励绩效出色的员工，鼓励员工投入创业。

2. 企业文化

企业若注重关怀和照顾员工，则会为员工提供优厚的福利；企业若注重业务，便会为企业的绩效而调整福利制度。事实上，大多数企业尽量会在关怀员工和注重业务发展两者之间找一个平衡点，采用适中的福利制度。

3. 员工的需要

那些追求稳定和安全感的员工会对福利更感兴趣。员工的需要因人而异，因年龄、学历、收入和家庭状况而应有所不同。一般来说，低收入的员工喜欢薪金多于福利，高收入员工则关心福利；年轻的员工喜欢带薪假期，年长的员工则关心退休福利。因此，福利制度的设计应全面考虑企业员工的需要。

三、福利的类型

鉴于福利在企业生产经营中不可忽视的作用和影响，组织中的福利五花八门，不胜枚举。每个组织除了提供法律政策规定的福利以外，可以提供有利于组织和员工发展的福利项目。近几年各种各样的福利项目概括起来主要有以下几种类型：

（一）经济性福利

此类福利具体的表现形式有：给抚养子女奖学金；旅游费；培训补贴；子女教育补贴；托儿托老补助；生日礼金、结婚礼金；年终或国庆等特殊节日加薪、分工、物价补贴，商业与服务单位的消费；加班费、节假日值班费；住房补贴；交通补贴，个人交通工具购买津贴、保养费或燃料费补助等；公关饮食报销；报刊订阅补贴，专业书刊购买津贴；药费或滋补营养品报销或补助；意外工伤补偿费，伤残生活补助，死亡抚恤金等；退休金、公积金及长期服务奖金（工龄达规定年限时发给）等；支付额外困难补助金；洗澡、理发津贴，高温、取暖补贴；解雇费；海外津贴等。

（二）实物性福利

如免费单身宿舍、夜班宿舍；免费工作餐，工作免费饮料（茶、咖啡、食品等）；企业自有文体设施（运动场地、健身房、阅览室、棋牌室等；免费电影、戏曲、表演、球赛票券等）。

（三）服务性福利

此类福利包括以下形式：家庭保健护理；保姆家庭护理；企业接送员工的免费车或廉价通勤车服务；食品集体折扣代购；免费提供计算机或其他学习设施等；全部公费医疗，定期免费检查身体及注射疫苗；职业病防护；免费订票服务；咨询性服务，包括免费的员工个人发展计划咨询、心理健康咨询、法律咨询等；保护性服务，包括平等就业权利保护（反性别、年龄等歧视）、性骚扰保护、隐私保护等；团体汽车保险、团体家庭保险、个人事故保险及其他各项保险等。

（四）优惠性福利

如廉价公房出租或出售给本企业员工，提供购房低息或无息贷款；个人交通工具低息贷款；低价工作餐；部分公费医疗、优惠疗养等；折扣价电影、戏曲、表演、球赛票等；优惠价车、船、机票；信用储金、存款账户特惠利率、低息贷款等；优惠价提供本企业产品或服务；优惠的法律咨询等。

（五）机会性福利

如企业内在职或短期脱产培训；企业外公费进修（业余、部分脱产、完全脱产）；带薪休假；参加俱乐部会员费；有组织的集体文体活动（晚会、舞会、郊游、野餐、体育竞赛等）；企业内部提升政策、员工参与的民主化管理等；提供具有挑战性的工作机会等。

（六）荣誉性福利

如以本企业员工名义向大学捐助专用奖学金；授予各种引人注目的头衔等。

以上福利项目只是实际生活中各种福利项目的简单概括，实际生活中的福利项目比这更加广泛、丰富，同时，随着人们物质文化生活的不断提高和发展，新的福利项目会不断地被研究和开发出来。

四、实施福利计划应注意的问题

福利是保健因素，福利计划实施得不好，员工就会觉得不满意。为了满足员工对高质量生活水准的追求，现代企业福利在整个薪酬体系中所占的比重会越来越大，因此，薪酬计划的设计与操作逐步成为人们关注的话题。设计福利时要考虑以下几个问题：

（一）福利计划与企业战略薪酬计划的匹配

企业工资总额确定以后，就要全面考虑薪酬和福利各自所占的比例，既要避免取消福利、不将福利纳入预定规划，也要避免福利无限膨胀的倾向。有关统计资料显示，西方的员工福利占薪酬的比例逐渐加大，并逐渐成为企业的沉重负担。而我国的情景则是另一种景象，为了改变过去那种企业"办社会"的局面，出现了员工福利全面工资化的倾向，这同样是要避免的。福利的许多积极作用是货币性报酬无法实现的，因此在设计薪酬体系时，要注意保持福利的合理比重，这个比重对不同地区不同经济性质的企业有不同的要求，需要企业根据实际情况加以确定。

（二）将个性化与团队合作精神结合

过去我们的福利很少考虑员工的个性化需求，千篇一律，没有变化。这导致出现企业花了钱，员工却不买账的不良现象。比如，年轻的员工对个人能力提升和晋升等机会性福利需求较明显，而对实物性福利可能会淡一些。如果企业一视同仁，对所有员工都实施实物性福利，就必然导致一部分年轻员工的不满。而这正是我们一些传统企业容易犯的毛病，因此在实施福利计划时，一定要强化个性化福利观念，以满足不同员工不同的福利需求。为此，一些企业提供了"自助餐式"福利计划，即把企业每个员工的年福利总额设定在一个范围内，由员工根据需要自己决定享受何种形式的福利，比如微软公司的"自助餐式"福利方案就是一个很好的例子。员工可以假设各种情况，以设计不同的福利模式。个性化福利给了员工选择的权利，但在一定程度上会冲击员工的团队合作精神，这是我们需要注意的。

（三）福利目标与员工享受福利的协调

企业制定福利政策时有一定的目标，而员工的福利需求大多数情况下也是有目标的，这两个目标能否达成一致是企业能否实现企业福利目标的关键。因此，企业在实施福利计划时，要有意识地加以引导，将员工的福利需求引导到企业的福利目标上来。这就需要人力资源部门做好员工职业生涯规划的指导工作，并指导他们做出适合自身成长需要的福利选择。

第七章　人力资源管理的新发展探微

第一节　国际企业人力资源管理

一、国际企业人力资源管理的特点

国际企业人力资源管理较之传统国内企业人力资源管理，具有以下特点：

（一）国际企业人力资源管理对象的多国籍性

传统人力资源管理的施行重点均为国内员工，而国际企业人力资源管理会随着企业涉入国际化程度的增加，所考虑的对象也有所扩展——组织的员工具有多国籍性。一般可以包括三类：

东道国公民（HCN），在跨国企业中，大量的员工是来自业务单位（如工厂、销售单位等）所在的东道国的公民。

母国公民（PCN），即母公司所在国的公民，或是子公司在第三国设孙公司时的外派人员也可称母国公民。

第三国公民（TCN），是指既不是来自东道国又不是来自母国的员工。在多国公司中，第三国或是母国外派人员一般属于管理人员和专业人员，一线劳动者多数来自东道国。

（二）国际企业人力资源管理具有更多的职能

传统人力资源管理所从事的工作主要是人力资源规划、招聘、培训与开发、薪酬与绩效管理、员工福利、劳工关系、工作安全、人力资源系统及政策管理等。然而，国际企业人力资源管理还要考虑课税及驻外人员的重配置问题。驻外人员的课税问题主要指如何使同一国家在不同东道国的驻外人员所负担的租税公平，以及减少驻外人员的租税负担等；驻外人员的重配置问题包括驻外事前训练、移民、配偶子女问题、薪资报酬问题、回任问题等。

(三)国际企业人力资源管理具有更多的异质性功能

传统人力资源管理讨论的是母子公司在同一地区、同一报酬政策及政治经济环境下的管理问题。然而,国际企业人力资源管理却涉及母国人员、东道国人员和第三国人员。这些员工虽然在同样的地区工作,却可能面临不同的报酬制度、税赋计算、福利津贴等。因此,在单一组织内如何使来自不同地区的员工的薪酬、福利计算公平,是国际企业人力资源管理的一大议题。

(四)国际企业人力资源管理的适应性强

国际企业人力资源管理必须要有很强的适应能力,才能较好地适应东道国的文化、社会制度、政策法律;否则,会有触犯东道国文化标准和价值观念的风险,甚至可能导致违法行为。为了有效地进行人力资源管理,要注意以下问题:如何识别当地有才能的员工?如何招聘员工以及用什么方式去吸引人员申请?如何培训员工?母国的培训方式能否适应东道国的员工培训?当地人注重什么报酬方式?如何评价?当地法律政策对人力资源管理有影响吗?

此外,国际企业必须处理的人力资源管理因素主要有:不同的劳工市场,即每一个国家有不同的劳工及劳动成本组合;国际移动问题,即当国际企业将员工派到国外时,将面临法律、经济、社会及文化适应等问题;管理形态及实务,即由于国家不同造成员工对管理形态的认知也不同,国际企业在管理规范及劳资关系处理上须针对此差异采取适当的应对方法;国家取向,即虽然企业目标是为取得全球效率及竞争优势,但员工可能会对个别国家较有兴趣;控制,即距离及多元化因素造成国际企业较国内企业不易控制,且政策也常常偏向希望对国外运营取得较多控制。

二、国际企业人力资源管理的客观环境

许多因素影响着国际企业人力资源管理,主要包括文化环境、教育水平及经济发展水平等。

(一)文化环境

文化对人力资源管理的影响是众所周知的,文化对国际企业人力资源管理同样具有重要影响,它涉及国别文化的差异影响。文化差异不仅存在于一国内部,更存在于不同国家之间。对跨国公司而言,要求不同语言、不同宗教信仰、不同行为价值观的人在一起共事,其难度可想而知。文化环境对国际企业人力资源管理非常重要,因为:首先,文化环境决定了影响国际企业人力资源管理的另外三个因素,即特定的文化底蕴可以影响一个国

家的政策和法律,还可以影响人们的价值观念,进而就决定了在国家经济体制和教育上的投入和努力程度;其次,不同文化常常能够带来人们对人力资源管理的不同理解,因此也就决定了不同人力资源管理实践上的效果差异。

1. 文化的内涵

我们这时讲的文化是广义文化,主要包括语言、行为价值观、宗教、风俗习惯等。语言是不同文化间存在差异的最明显标记,它反映了每种文化的特征、思维过程、价值取向及其间的人类行为。它是人们相互沟通的重要手段,而沟通又在企业管理中起着十分重要的作用。在跨国公司内部,如何使用不同的语言进行沟通是相当重要的问题。此外,在国际交往中,跨国公司管理人员还应了解不同文化背景的无声语言。

行为价值观反映了人们对工作、时间、合作、变革和风险等的态度。即各国文化环境与经济环境的差异会导致人们的工作动机、价值观和时间概念的不同,而不同文化对如何合作以及应对变革与风险的看法也存在很大差异。在一定社会中,人们的行为价值观对经济活动有着深刻的影响,因而与跨国公司人力资源管理关系密切。

风俗习惯是人们自发形成的习惯性的行为模式,是一定社会中大多数人自觉遵守的行为规范。风俗习惯遍及社会生活的各个方面。世界上不同国家风俗习惯千差万别,甚至在同一国家里,不同地区也会有极不相同的习俗,它们将对人力资源管理产生不同的影响。

2. 文化的管理模式

在国际企业人力资源管理文化影响因素中,有效理解文化的不同管理模式是非常必要的。现在介绍霍夫施泰德的五种文化模式。

(1)个人主义与集体主义。个人主义与集体主义描述了在特定社会中个人与其他社会成员之间的关联程度。在高度个人主义文化下,人们倾向于从个人而不是某个团体成员的角度去思考问题和采取行动。每个人都有强烈的自我意识,对群体和团队的依赖性低;而在集体主义文化下,人们将自己看作是团体的成员,对团体归属感较强,并且非常相信和依赖组织。

(2)权力距离。权力距离关心的是一种文化如何处理层级性权力关系,如何对待权力分配的不平等问题,以及如何界定可接受的权力不平等程度。在权力距离较大的国家,文化界定了较大的权力差异是可以接受的。在较小权力距离的国家,人们强调减少等级差异和不平等。

(3)不确定性规避。不确定性规避表述了不同文化下人们对未来不可预测的情况的容忍程度。高不确定性规避下人们具有喜欢确定情况的强烈文化倾向。人们往往需要某种程度上的安全感和关于做事的明确指导规则。在低不确定性规避的国家,人们偏好更加灵活易变的不确定性因素。

（4）阳刚与阴柔。阳刚与阴柔揭示了不同文化下人们所追求的目标和所关注的焦点有所不同。阳刚型文化下，人们具有在工作、绩效、成就、竞争、金钱、物质等方面占优势的价值观。而阴柔文化指引人们追求生活质量，保持良好的人际关系等。

（5）长期导向与短期导向。长期导向与短期导向显示了不同文化价值观对过去、现在或将来的倾向程度。长期导向下，人们强调长远利益，重视节约和坚持，倾向于在未来得到回报。短期导向推崇对过去传统的尊重，注重承担社会责任和履行现在的社会义务。

（二）教育水平

教育是特定国家延续其历史文化的一种重要手段。它是一个学习的过程，是传授知识与信息的过程。同时，教育通过特定的人、特定的时间和特定的形式对文化价值观念产生作用。教育包括正式教育和非正式教育两种形式。正式教育是在学校所受到的正规训练。非正式教育包括在家庭或社会所受到的教育。一个国家劳动力的教育和技能水平影响到跨国企业在多大程度上愿意在该地经营以及如何在该地经营。如果不了解一个国家或地区的教育水平和教育体系，跨国公司就很难在该国进行有效管理。如果一个国家或地区的教育水平高，企业所有的管理与操作工作均可通过在当地招聘来解决。而在教育水平低的国家里，企业要根据当地工人的实际能力和习惯进行强化培训，才能获得具有较高技能水平的雇员。另外，一个国家和地区的教育水平和类型决定着跨国公司提供再培训的时间和费用，以及决定着职工的沟通能力。同时，教育体系的质量也决定着职工培训的程度和类型，影响着分权管理的程度和可以采用的沟通体系。

（三）经济发展水平

经济发展水平也是影响国际企业人力资源管理的重要因素。经济发展水平主要是指一国的经济发展状况，如对外投资政策、税收政策以及货币政策等。

各国的经济状况千差万别。许多不发达国家愿意接受国外投资，以为它们日益增长的人口创造就业机会。对跨国公司而言，这些国家的劳动力一般比欧美廉价得多，当然这只是其中一个因素，公司的成功还取决于一国的货币波动情况以及政府在收入转移等方面的政策措施。在许多发达国家，特别是一些欧美国家，虽然失业不断增长，但政府对就业的管制程度及工资水平依然是相当高的。政府对个人和公司征收的税收也是处于相当高的水平。所以，从事国际企业人力资源管理，必须对一国的经济因素进行认真分析。

三、国际企业人力资源配置政策模式及其选择

（一）国际企业人力资源配置政策

1. 多中心政策

多中心政策也称为当地化政策，是指跨国公司聘用东道国当地公民担任子公司的重要管理职位，把海外子公司基本上交给当地人管理，而总部的要职仍由母国人员担任。

任用东道国人员的优点：一是为当地人提供提升的机会，增加了他们工作的积极性，避免了由母国或第三国人员担任高层管理人员时的职务频繁变动，有助于保证子公司经营的连续性和稳定性。二是他们熟悉当地的政治、经济、社会文化和法律环境，能够有效地与当地政府、银行、税务等部门沟通与交流，有利于企业经营，也便于开展各种公关活动。三是与任用母国或第三国人员相比，任用东道国人员的费用较低，尤其是任用发展中国家人员的费用较低，而且节省了跨文化培训的费用。

但是，这种方式的缺点也是十分明显：一是东道国的经理人员与母公司在感情联系上比较疏远，对母公司的战略目标和管理模式可能缺乏深刻领会，而且在经营哲学和管理风格上可能无法与母公司协调一致。这给母公司实施全球一体化战略带来相当大的困难。二是由于不熟悉母公司所在国的政治、经济、社会文化和法律背景，加上语言上的障碍，会直接影响母、子公司之间的沟通与母公司对子公司的控制。三是东道国人员在担任了海外子公司的高级管理职务后，很难晋升到母公司的管理层，因而会影响他们的工作积极性。

2. 全球中心政策

全球中心政策是指在全球范围内选择最合适的人选担任母公司和海外子公司的经理，而不考虑他们的国籍和工作地点，一般是选择一些职业化的国际经理人员。

采用全球中心政策的优点有：一是扩大了母公司人力资源的范围，能够在全球范围内选贤纳才。二是职业化的国际经理人员具有良好的职业技术素质和丰富的国际管理经验，因而对国际环境与东道国环境有较强的适应能力。三是职业化的国际经理人员较少具有民族倾向，能够比较中立地按照国际惯例办事，也不会卷入东道国的民族和宗派斗争。

然而，采用全球中心政策也有一些缺点：一是由于第三国的职业化经理不是非常熟悉东道国和公司总部的文化和环境，在与当地人员以及公司总部的沟通上存在障碍，可能影响企业的经营效果。二是在世界范围内分散招聘，进行语言和文化的培训，所需费用很高，而且其工资水平也明显比母国经理人员要高。三是选择第三国公民担任海外子公司的经理人员容易引起东道国雇员的反感情绪，尤其在那些执行雇员本地化政策的东道国，不

利于改善与东道国政府和公众的关系。

3. 混合政策

由于上述各种方式都存在着各自的不足，现在比较多的大型跨国公司倾向于采用灵活的混合政策。一般常见的方式是：在总部主要雇用母国人员，在国外子公司则尽可能雇用东道国人员，但高层管理职务仍由母国人员担任。在存在地区性组织的情况下，则可选择母国人、东道国人或第三国人担任不同地区性职务。跨国公司的混合人力资源政策还可采用如下办法：一是选用当地国籍的母国人；二是选用母国国籍的外国人；三是选用到母国留学、工作的当地外国人；四是选用到当地留学、工作的母国人等。这样做的好处是：他们熟悉两国的语言、文化，当跨国公司与东道国在某些问题上发生矛盾时便于协调。

（二）国际企业人力资源配置模式的选择

正如跨国公司所有的战略决策一样，人力资源战略模式的选择主要也是基于跨国公司对全球与地区的选择。

1. 采取当地化战略的国际企业

在跨国公司努力实现本地化的过程中，其战略决策的着眼点就在于如何应对不同国家不同顾客的不同需求。如果跨国公司努力通过在全球范围内开展生产经营活动，将价值链的各个环节放在最有力的国家或地区时，它就是通过寻求规模经济来实现全球化战略。

采取当地化战略的公司，重视对当地情况的反应能力。因此，多中心的人力资源战略对每个国家区别对待，从而为增强国家层次的灵活性提供了适当的国际企业人力资源战略模式。特别是当跨国公司雇用东道国的人员担任公司内各类职位时（包括高层管理人员、职能部门经理、技术人员及一般工人），就为跨国公司了解当地情况奠定了基础。东道国人员通常更了解当地顾客的偏好、分销渠道、政策法规以及社会商业环境所具备的特别因素。也就是说，多中心的人力资源战略模式更有利于跨国公司当地化战略的实施。

2. 采用国际化战略的国际企业

国际战略强调价值链上游的全球化，即由母国集中控制的子公司生产和销售几乎不需要进行地方性调整的全球产品。由于需要进行产品的标准化和集中化控制，民族中心的国际企业人力资源管理可以提供最有效、最理想的人力资源管理方式。不过，实际上采用纯粹的国际战略的公司很少，大多数公司需要综合运用多中心、地区中心或全球国际企业人力资源管理方式。例如，对高层经理采用民族中心导向的国际企业人力资源管理，而对当地生产经理采用多中心的管理方法。

采用跨国战略的公司几乎毫无例外地采用全球性导向国际企业人力资源管理。正如我们以前所见到的,跨国公司需要一个高度灵活性的组织,从而实现其价值链上的区位优势最大化。这样,跨国公司就必须选拔和培训具有不同国家背景的经理,使他们能够胜任在世界各地的任职。跨国公司经理必须主动地接受全球公司文化,该文化要求经理灵活对待不同的文化和国家社会制度。

任何一种跨国公司战略都要求认真评价公司的国际企业人力资源管理方式,公司对国际企业人力资源管理导向的选择主要取决于它是否能最好地支持其跨国公司战略的实施。然而,通常任何国际企业人力资源管理导向都不能准确地适合公司的跨国公司战略。因此,没有哪家公司完全遵循一种国际企业人力资源管理导向。通常的情况是,跨国公司选择一种一般的方式,再结合符合其战略需要的其他导向中的一些具体的国际企业人力资源管理方法和程序。国际企业人力资源管理是支撑价值链各个层次的关键,因此,国际企业人力资源管理导向与跨国公司战略的错误组合将是一种致命的错误。

四、国际企业人力资源管理过程

由于国家背景的不同,导致各国在人力资源管理的政策和方法上存在差异。国家和企业文化、社会制度与风俗习惯相结合,共同影响商业环境和特定的要素条件,进而影响一国人力资源管理的方式和政策。

(一)国际企业人员招聘与选拔

1.人员招聘

(1)招聘的一般过程。

首先,要确定有工作空缺,当然产生工作空缺的原因或是来自企业拓展业务的需要,或是来自接替离开组织的人员空缺需要。其次,管理者要确定所需人员的类型和从事某项工作所需要的条件。再次,要实施招聘战略,确定招聘的方式,采用什么方式去吸引更多的应聘者。最后,管理者接受求职申请。实际上,在招聘方式和策略上,各国是不同的。

(2)招聘中的国别差异。

招聘方面的国别差异,主要体现在运用不同招聘战略的偏好上,国家文化、企业文化以及社会制度(如教育体系)对如何招聘员工都有影响。如美国是个人主义文化的代表,在美国,对所有类型工作,报纸广告是公认最有效的招聘渠道之一;学院或大学招聘只对专业性或是技术性工作有效。而韩国,其人力资源管理方式反映一种集体文化,其招聘是一种儒家价值观和西方实用主义结合的混合体系。有人分析韩国招聘多是后门招聘,或称雇员推荐形式,同时还倾向于在有名大学招聘,偏爱刚刚出校门的学生。在日本,与大学教授和经理们的个人交往经常是大学生们能在大公司得到好职位的先决条件。

2. 跨国公司人员选拔

实际上，跨国公司人员选拔与人员选用的一般过程没多少差异，关键是由于不同文化决定了选拔中测试的标准不同。如美国强调工作求职者的特定技能要与工作要求匹配，公司选拔时注重个人成绩（教育、天赋、经验），而非某种群体关系；另外，美国法律规定为了避免歧视或偏见，选拔过程中的信息必须是有效的，即测试中的要求及相关信息必须与空缺的工作有关。而在集体主义文化中，人们在选拔人员时更注重考虑关系，其标准是人员的可信度、可靠性和忠诚。

（1）跨国公司选拔人员的一般标准。

跨国公司中人员有很多类，而且来源也不同。我们以管理人员为例来说明选拔时的标准。对跨国公司而言，真正的管理人员应当有充分的适应性和灵活性，不论来自哪个国家，都要能与公司的文化很好地融合，而且，不管全世界的什么地方需要，他们都能胜任。一般地说，跨国公司管理人员的选拔标准为：

第一，业务能力。业务能力是指国外管理人员的业务素质以及与业务相关的知识水平。国外管理人员要有一定的专业背景，能够解决具体的专业问题。管理人员对所在国的经济、法律和政治体制有一定专业性的了解，不仅要了解该国或地区现有的经济、政治、法律的状况，而且对其历史也要有一定的了解。在国外任职，业务能力可能更为重要，因为他们在远离总部的异国，较难随时就有关的技术、专业问题与其他权威人士和专家商讨。在这种情况下，为避免失去稍纵即逝的宝贵商业机会，国外管理人员需要根据当地的具体情况，独立做出决策，以便用最有利的方式为跨国公司的全球战略目标服务。为了在当地子公司中树立威信，获得国外同事的尊重与认可，他们也必须在业务上过硬。

第二，管理能力。企业所选择的国外管理人员需要具有全面的管理能力，它包括制定既经济又高效的计划的能力、以合理成本组织所有生产要素的能力、唤起和鼓舞人们信心的能力、激励士气的能力、有效的交际能力、控制所有生产要素的能力。需要指出的是，他们还必须具备在不同的社会文化环境中从事综合管理的能力。此外，他们还应有一定的在公司系统中工作的经历。除了管理人员个人的管理水平以外，跨国公司还要考虑管理人员对本企业整体文化的了解与认同程度。这一点相当重要。国外管理人员应该能够将本公司的企业文化同东道国的文化特点相结合，协调总部与子公司之间的生产与经营活动，树立跨国公司的总体形象，扩大影响。日本跨国公司派往国外的管理人员，一般都在公司中工作了10年以上（以培训为目的的调动除外），因而都非常熟悉公司的经营哲学和公司文化，从而保证了子公司与母公司的默契配合。

第三，适应能力。适应能力是指国外管理人员适应多种文化、经济和政治环境的能力，具有解决存在于不同文化体制下的业务问题的灵活性。这种能力又可以分为客观能力与主观能力。所谓客观能力，是指管理人员能否使用当地语言，以及对当地的社会与文化的了解程度。语言是企业管理人员之间沟通的重要工具。跨国公司总部在外派管理人员时应考察该管理人员使用当地语言的能力，或者当地子公司管理人员使用母公司所在国语言的能力。文化是影响外派管理人员应用能力的另一种主要因素，需要考察所派管理人员对所要去的国家或地区的文化了解的程度。不过，语言与文化是客观存在的，管理人员可以通过学习，进一步改善自己的知识结构，为更好地适应工作做好准备。主观适应能力是指管理人员在新环境面前所表现出来的心理行为特性。它包括性格，对人的理解，情绪稳定，坦率而无偏见，善于分析，宽容与耐心，能与不同背景的人融洽相处，足智多谋，具有外交手腕等。

第四，身心健康及家庭状况。海外管理人员必须拥有良好的身体和精神状态。他们应该精力充沛并喜欢旅行。许多国际管理人员一半以上的时间是在世界各地的酒店中度过的，可能在走下越洋飞机后直接参加某个会议，这些都要求除技术能力和心理素质之外的体能特征。另外一个必须注意的问题是海外管理人员的家庭问题。一般地，外派管理人员的年龄在30~45岁，大多数都已结婚，而且有了正处于学龄阶段的孩子。这样，要在外国工作，这些雇员除自己应有较强的文化适应性外，他们的家属也必须适应东道国的生活环境。管理人员及其家属在工作之外，必须同当地居民打交道。语言障碍、购物方式、生活习惯、学校及教育制度、医疗保健、娱乐设施及交通便利程度等的不同都要求他们进行相应的自我调整。这种自我调整能力是决定管理人员国外工作表现的重要因素之一。当管理人员因工作调动而旅居国外时，受打击最大的是他们的家人。他们可能失去原来比较满意的工作，参加社会交往并被多种社会群体所接受（归属感）的需求及被他人认可（自尊）的需要可能得不到满足，原来丰富多彩的生活现在变得单调、乏味。此外，子女的教育问题也经常成为海外管理人员的一个十分棘手的问题。在法国和日本，雇员不愿到国外任职的主要原因之一就是担心他们的子女的教育受影响。所有这些家庭问题的复杂程度都是决定海外管理人员工作是否成功的重要因素。

第五，动机。所谓动机，即人们从事某一种工作的原动力。有的管理人员内心并不愿到国外工作，还有的管理人员心里也许只是为了到国外作短期旅游，并不愿在国外长期工作，或者仅是为了捞得"曾经在国外任职"这样一个有利于职务提升的资本，对国外工作及获得国外工作经验本身并不感兴趣。具有这些态度和动机的雇员很难保证把他们的全部精力都放在国外工作上，因而都不适合到国外任职。跨国公司在挑选外派管理人员时，应选拔那些动机正确的候选人。接受外派任务的合理动机因素应包括冒险精神、领先精神、被提升的愿望以及改善经济条件的需求。要注意，公司管理层在劝说员工到海外工作时，不宜过分渲染有利之处而对不利之处按下不提。只有选择了真正从心理上接受海外工作的人员，才能降低外派失败率。

上述标准只是跨国公司国际管理人员应具备的基本素质。在不同行业、不同国家及企业发展的不同阶段，跨国公司对其管理人员的要求是不同的。比如，在贸易公司、金融机构等服务行业，跨国公司可能更强调管理人员的文化适应性及人文技能。而在制造业，尤其是高新技术制造业，跨国公司则更强调管理人员的技术专长。在海外经营的初期，跨国公司强调管理人员的企业家精神；在增长阶段，强调管理人员的推销方面的才干；而在企业的成熟阶段，则更重视管理人员的控制成本、提高产品竞争能力的素质。

（2）跨国公司国际管理人员的来源。

跨国公司在给国外子公司配备职员时，明确了选择标准以后，还必须确定候选人的民族来源。主要有三类来源，即母国公民、东道国公民和第三国公民。一般管理人员来自本国居多，工人主要来自当地。

按照跨国公司对职员国籍问题的态度，可将其有关的政策分为民族中心政策、多中心政策、全球中心政策和混合政策，这四种不同的政策各有优点和弊端。

（3）跨国公司国际管理人员的吸收和遴选工作。

多数跨国公司遵循"相机抉择"原则，强调在选拔任职人员时，进行职位分析、组织分析、文化分析。海外职位分析，即明确列示急需配备人员的海外职位的工作性质及任务，然后据此制定担任该职务者所应有的行为规范，进而明确提出需要何种类型人才，还要制定衡量人员行为的准则。其次是组织分析，此种分析主要指明企业组织的特征。如领导方式、监督管理、奖励制度以及组织文化，这些都是影响人员行为的重要因素。再次是文化分析，分析海外企业所处的跨文化背景，指明哪些因素将影响人员的行为，并提出如何对付的方案。

在进行分析后，就要安排职位的候选人，即确定海外主管的候选人，应着重按其智能、气质、兴趣、预期报酬和企业目标来分析其是否适宜于驻外任职，是否有利于公司。先在不同人才来源中进行预选，再选出候选人，运用一系列的程序进行筛选。确定候选人工作是跨国公司在公司内外发掘、物色对象的过程。

目前，由于跨国公司的经营范围非常广泛，需要各种各样的专门人才，而且随着跨国公司内外部经营环境的变化，对人员的需求也处于不断的变动之中，为此，一般跨国公司都有人才登记制度，建立人才储备数量庞大的人才库。跨国公司可以从本公司的人才库中选拔海外管理人员，还可以在全球范围吸收有才能的管理人员，包括东道国、母国或第三国。高等院校也是吸收人才的来源。从母国的大学和商学院毕业的外国留学生，具备一定的专业知识，了解母国流行的管理模式、经营思想和文化、习惯，又熟悉其本土的社会文化环境，是跨国公司招聘国际职员的理想人选。此外，各东道国商学院毕业的高才生也是跨国公司的人才来源。

在确定候选人员之后，接下来的是选拔工作。选拔包括收集和分析有关对象的专门资料，对候选人的能力及生理素质、实现预期工作目标的可能性及其到海外就任的意愿进行评估和预测。经常采用的选拔方法有以下三种：

第一，测试。这是一种已近过时的方法，尤其对高层职位候选人来说，这种方法不适用。现在极少有跨国公司采用能力测试法，其原因在于缺乏明白无误的标准；心理测试以及人际关系能力测试的价值究竟如何，人们也有所怀疑。加上时间与成本的耗费，使得测试法不再流行。

第二，晤谈。高层经理同候选人（包括其配偶）进行广泛交谈目前成为遴选人员的最佳方法，这也是跨国公司人事经理们的共识。晤谈的最大作用是能够剔除那些不适合在海外任职的候选人。晤谈内容涉及八个方面，即动机、健康状况、语言能力、家庭因素、适应能力、机智与首创精神、事业心和财务状况。人事经理根据上述谈话内容再进行分析总结。同候选人及其家属晤谈是目前跨国公司最常用的遴选方法之一。

第三，评议中心。在选拔国际化经营人才的方法中，评议中心的做法是最有发展前途的，目前许多较大的跨国公司都采取这一方法。所谓评议中心，包括个人演练与群体演练。个人演练包括模拟驻外经理的管理工作，进行谈话或某种表演。群体演练可模拟制造商业性竞争活动等。这类情景演练必须反映出东道国的文化与社会背景。

（二）跨国公司人员培训与开发

1. 培训与开发的文化差异

在任何国家，培训和开发都是重要的，但又存在很大的区别，不同行业、技术、战略、组织结构和当地的劳动力市场都影响着组织培训和开发的计划以及需求。培训最主要的国别差异是国家教育体系方面的差异，教育体系的差异导致了应聘者在基本技能和工作态度上的差异。各种教育证书的文化价值和用工制度方面的人事习惯都影响培训和开发。

在跨国公司选拔、招聘的即将上任的候选人中，既具备公司的生产、技术和业务专长，又熟悉公司的管理风格和经营特点，同时又能适应东道国社会文化环境的雇员不多，他们一下子难以适应各种不同的工作职务及环境条件。这时就需要有针对性的培训，来帮助候选人尽快适应环境。同时为了保持人员和公司的持续发展，获取竞争力，还需要对人员进行开发，一般通过人才培训计划来实现，需要制定与其公司增长战略相适应的人员发展规划。

2. 跨国公司人员培训

培训是跨国公司中人力资源管理的重要工作职能，主要是针对不同对象，制定不同培训计划和内容，使外派人员或是在东道国招聘的人员尽快适应。

（1）培训对象。

在跨国公司中需要培训的对象是不同的。大致可以分为两类：一类是公司外派人员的培训。主要是总公司向子公司或孙公司外派的管理人员的培训。一类是在东道国当地招聘人员的培训，包括招聘的管理人员，也包括一般员工。另有不少跨国公司也把外派人员的配偶及子女同样作为培训对象，目的是让他们在异乡安居乐业。

（2）培训方式。

培训方式主要有以下三种：一是公司自设培训机构。每一个跨国公司一般都有专门的培训部门负责培训，可以有针对性地制定培训计划，不同地区的员工有不同的培训计划。如美国奥南发电机制造公司就是如此，在北美有一套培训计划，而在中美、南美、亚洲又各有一套培训计划。二是利用专业培训机构。专业培训机构可分两类，一类是在学校的管理学院，增加培训内容课程，例如，工商管理学院开设的国际管理类课程；另一类是新员工的专业培训机构，如美国佰利兹跨文化培训中心、美国国际知识公司等，它们往往提供沟通技能和人际关系技能培训等，这类培训计划往往邀请有经验的或在某个领域著名的专家授课。三是职前国外训练。为了对外扩展，不少跨国公司积极培养驻外业务骨干。

（3）培训内容。

培训内容包括跨文化的沟通、认识文化及其对行为的影响、异国文化的冲击、改善组织的内部关系和提高多文化背景下的经营效果。另外，还需要学习跨国性责任管理、多文化业绩评估，适应跨国企业经理的角色变化，树立在多文化背景下对生产管理、冲突管理的领导行为的不同观念。

当跨国企业准备派出员工到海外工作时，需要对这些外派的候选人进行培训。按照外派的时间序列可以将培训分为驻外预备培训、启程前教育和抵达后教育。按照培训的内容可将培训分为四个层次：第一层次的培训要让培训对象了解文化差异，并强调文化差异对经济结果带来的影响。第二层次的培训要让对象了解人们的态度形成模式，并知晓态度是如何影响员工行为的。第三层次的培训是为培训对象提供他们未来工作所在国家的具体情况。第四层次的培训是为培训对象提供学习语言的技能及自身调整和适应环境的技巧。

（4）海外经理的培训。

传统上，跨国公司培训的重点是母公司派往国外工作的管理人员，这种培训通常是文化敏感性培训，目的是使母公司的管理人员了解他们将赴任国家的文化环境，增强对东道国工作和生活环境的适应能力。文化敏感性培训通常有两个主要内容：一是系统培训有关东道国文化背景、文化本质和有别于其他文化的主要特点；二是培训外派管理人员对东道国文化特征的理性和感性分析能力。实践证明，比较完善的文化敏感性培训能在较大程度上代替实际的国外生活体验，使外派管理人员在心理上和应付不同文化冲击的手段上做好准备，减轻他们在东道国不同文化环境中的不适应或痛苦的感觉。

在许多大型跨国公司中，文化敏感性培训通常采取多种方式，主要包括：

第一，文化教育。即请专家以授课方式系统介绍东道国文化的内涵和特征，指导学员阅读有关东道国文化的书籍及资料，为他们在新的文化环境中工作和生活提供思想准备。

第二，环境模拟。即通过各种手段从不同侧面模拟东道国的文化环境。模拟培训的目的是把在不同文化环境中工作和生活可能面对的情况和困难展现在学员面前，让学员学会处理这些情况和困难的方法，并有意识地按东道国文化的特点思考和行动，提高自己的适应能力。

第三，文化研究。即通过学术研究和文化讨论的形式，组织学员探讨东道国文化的精髓及其对管理人员思维过程、管理风格和决策方式的影响。这种培训方式可以促使学员积极探讨东道国文化，提高他们诊断不同文化交融中的疑难问题的能力。

第四，外语培训。语言是文化的一个重要组成部分，语言交流与沟通是提高对不同文化的适应能力的一个最有效途径。语言培训不仅仅要使学员掌握语言知识，还要使他们熟悉东道国文化中特有的表达和交流方式，如手势、符号、礼节和习俗等。

第五，组织各种社会活动。让学员与来自东道国的留学生和工作人员有更多接触和交流的机会。

系统的文化敏感性培训虽然可以提高学员对东道国文化的敏感性和适应能力，但并不能保证他们能够在东道国有效应付不同文化的各种冲击。外派管理人员必须学会以尊重和接受的态度对待异国文化，切忌用本国文化标准随便批评异国文化，更不能把本国的文化标准强加于东道国公民。而且，在遇到挫折时要善于忍耐和克制自己，把自己当作东道国文化的承受者，灵活地处理因文化差异产生的各种摩擦和冲突，在建立良好工作关系和生活关系的过程中增强对不同文化的适应能力。

（5）对东道国招聘的管理人员的培训。

随着跨国经营规模的扩大和对高素质人力资源需求的增加，越来越多的跨国公司开始重视对东道国当地管理人员的培训,以便他们在生产经营各环节的管理上达到母公司要求的标准。

跨国公司对东道国管理人员的培训侧重于生产技术和管理技能,虽然有时也会开设有关公司文化的培训,但文化敏感性培训通常不是重点。有关生产技术的培训,一般侧重于转移到东道国的生产技术,培训对象多数是生产部门和质量控制部门的管理人员。有关管理技能的培训,通常按管理的职能进行分类。对营销部门管理人员的培训侧重于各种营销、分销、广告和市场调查的管理技能,对财会部门管理人员的培训侧重于母国和东道国会计准则的差异、会计电算化方法、财务报表分析和外汇风险分析等。

在多数大型跨国公司中,培训与管理人员的晋升联系在一起。不同等级的管理人员接受不同类型的培训。所以,管理人员晋升到新的岗位时,往往要通过新培训计划增加所需要的技能。

3. 跨国公司人员开发

人员开发其实质是对人员潜在能力的开发,包括一般员工开发和经理人员开发。不同国家因文化制度的差异,开发方式也有不同。这里我们主要介绍经理人员开发,或称管理开发。

(1)美国的人力资源管理与开发。

在美国,许多公司都有开发管理人才的计划,其目的是培养那些愿意终生为公司工作的合格的经理人员。主要步骤是:首先确定可以晋升的有才能的经理,其次是通过一定方式使他们与组织对管理人才的需要匹配。在实际中常有些方法用于管理开发,比如在许多公司中,上一级经理人员有责任确定潜在的管理人才;有的公司利用评估中心来直接鉴定经理人员,通过评估中心的评估结论来确定可以晋升或具有高潜质的经理;另外,还有的公司为有可能进入更高层的下层经理设置"快车道"职业生涯。对于"快车道"经理,公司通常在其职业生涯的早期就给他们指派各种富有挑战性的工作,若能获得成功,就会迅速晋升。

对于这种高潜质经理开发计划,在欧洲各国有不同情况。德国认为这种计划会破坏基于等级的晋升程序。欧洲最流行的鉴定高潜质经理的方法是提名过程,即由中层经理向上级主管部门推荐。法国公司注重从名校招聘高潜质人才。英国的高潜质经理经常是先从贵族公立学校(相当于美国私立高中)毕业,然后再接受正统的高等教育。在英国,成为一位"绅士"比拥有技术更重要。而在瑞士、瑞典、德国,大约有85%的公司将技术专家视为高潜质人才,英国、法国则要低一些,不足60%。这也说明不同国家对教育以及精英特性的评价不同。

（2）日本的人力资源管理与开发。

日本的人力资源管理开发与美国、欧洲等国家不同，它是以年功序列和终生雇用为基础的体系。日本员工和公司有种特别的亲和关系，公司保护员工，员工回报以忠诚。日本的经理招聘人选直接来自大学，确定时更多的是注重个人品质和适应公司文化的潜能。公司对管理的开发也具有长期眼光。管理生涯的最初几年集中学习和融入公司文化，在基础培训后，管理人员在各部门之间流动，以了解公司业务性质并开发工作技能。日本公司很少公开或正式强调某人在经理人员职业生涯的早期就被确定为高潜质经理，公开方式会有损群体的和睦。经理们可以工作至退休，所以公司中大多数培训和开发都集中于与公司有关的技能。与美国不同，人力资源开发投资不被视为个人投资，公司和员工都认为是服务公司利益的投资。

日本的管理培训中还有一个特点，即精神教育。精神教育强调性格开发，如困难时的忍受力、承担社会责任以及合作的习惯。为此，一些日本公司还推出了军事化的新兵训练中心，经理人员要经过严格的体能和心理压力训练。由于经理们在完成本科学业后直接进入公司，工商管理硕士（MBA）等普通管理教育对日本经理几乎没有个人价值。尽管日本一些公司也常派经理到美国或欧洲的名校去攻读MBA，但公司的目的不是开发个人的管理技能，而是希望经理们学习外国市场、语言、文化以及了解竞争对手的商业习惯，学成后报效公司。但是，这种员工对公司的忠诚也正在受到威胁。不少在日本的大型多国公司常常去挖当地的经理；加之一些西方学成归来的受西方开发体系的影响，跳槽的也多了。

（三）跨国公司人员绩效考评与报酬

跨国公司的人员评价以及以评价为依据的工资待遇政策正确与否，在很大程度上决定着公司经营效益的好坏。跨国公司的经营特点要求其评价和工资待遇政策应以战略导向为主，而其管理队伍的国际民族特点及管理人员的国际流动却使其评价和工资待遇政策的制定更加复杂化。所以，在考核中要十分注重考核对象和考核方法，注重文化对考核的影响。

1. 跨国公司人员绩效考评

（1）业绩评价方式比较

业绩评价受文化和制度的影响较大。下面分个人主义文化和集体主义文化来分析。

第一，个人主义文化下的业绩评价。个人主义文化在西方占主要地位，在这种文化中，业绩考核体系为人力资源管理中的好多问题提供了合理的和公平的解决办法。以美国为例，美国业绩考核体系是典型的信奉个人的权利、义务与报酬紧密联系的文化价值观，同时强调法律和机会上的平等。其业绩考核体系包括四个要素：业绩标准，业绩衡量，业绩反馈以及与报酬、晋升、终止等有关的人力资源决策。

业绩标准反映了管理可以接受的工作产出的质量或是数量目标。

业绩衡量是按业绩标准对员工进行客观的比较性评价，通常用的是评分法。

业绩反馈是一种上下级之间的沟通。这种沟通在美国有三种形式：第一种是讲述与销售方式，是指上级反馈信息并加以评估解释；第二种是讲述与倾听方式，是指上级反馈信息并听取下级反应；第三种是解决问题方式，即上下级共同发现问题并找出解决问题的方法。

第二，集体主义文化下的业绩评价。在集体主义文化中，年龄和群体内成员身份（如社会地位）是考核中重要的因素。也就是说，在人力资源决策中，更多的是考虑个人背景特征而不是个人成就。当然，也不是说业绩信息不重要，员工通常也知道谁业绩好，谁业绩不好，由于重要的是为群体利益工作，所以一般在奖惩方面都是比较间接或含蓄的。经理们更注重群体内的和谐。如韩国，其业绩考核系统的核心是评价和开发符合公司长远利益的"整体人"，在评价工作业绩的同时，也评价诚实、忠诚和态度。只有对少量的高级职位，考核时才关注真实业绩和对公司的贡献。有人说日本的业绩考核是比较综合的，日本的人力资源决策（晋升、工资和奖金）的基础是职位分级制，比较重资历。但不限于此，日本也关注绩效，并用业绩考核作为决定报酬的基础。有人估计，日本公司中，报酬增加和年度奖金中有20%～50%是由业绩决定的。同时，日本对业绩和成就的看法也与美国有别。在考核体系中，不仅考虑指标或具体标准，还考虑其他因素，如受教育程度、沟通能力、合作能力、责任感以及工作中的态度。

（2）外派经理的业绩评价。

对外派经理的业绩进行考核，显然是比较困难的。它涉及国际经营与多国战略吻合问题，不可靠的数据、时间差别和地理分隔、当地文化等都会影响评价结果。有几个方面的因素使得对外派经理的绩效评价变得复杂了：一方面，应当由谁来负责对外派经理的工作绩效进行评价。很显然，当地的管理层应当在外派经理的绩效评价中起一定作用，但是，不同国家之间的文化差异可能会对绩效评价产生一定的扭曲。而另一方面，母国总部的管理人员与外派人员相隔甚远，无法对外派人员进行有效的绩效评价，因为他们无法充分了解外派人员在外国所面临的实际情况。公司对外派人员进行绩效评价时，可能会依据诸如利润和市场份额等这样一些客观标准，但是，在当地发生的一些事件（比如政局不稳定等）有可能会影响到外派管理人员的工作绩效，而这些情况对于母国总部中的管理人员来说却是"隐形的"。

为了克服评价中的困难，人力资源专家提出一些方法：第一，把握不同外派工作任务的难度等级。第二，评价标准与战略结合。第三，调整合适的评价标准。如在某些劳工不稳定问题比较突出的国家，"维持积极的劳资关系"就显得更加重要。美国的外派经理被派往中国工作，就比被派往英国工作的难度更高一些，绩效评价就应将这些工作的难度差异考虑在内。第四，将多渠道评价与不同时期评价相结合。第五，确定评价结果时，在国外工作的管理人员对于外派人员的绩效评价应当被放在更为重要的位置上，母国的管理人员凭借在遥远距离之外对外派人员的感觉所作出的绩效评价应当放在次要的位置上。

2. 跨国公司人员的薪酬

（1）跨国公司薪酬管理中的一般问题。

跨国公司在各国子公司的薪酬政策制定中必须考虑到当地劳动力市场的工资行为、有关的劳动报酬方面的法规和当地的文化倾向，同时还要与母公司的整体经营战略保持一致。各子公司的人力资源经理要为东道国的员工、母公司派出的员工和第三国的员工分别制定不同的薪酬制度。在这个问题上，一个常见的现象是，即使东道国员工与母公司员工承担责任、复杂程度和重要性相同的工作，母公司派出的员工也会常常得到比较高的报酬，这就易使东道国员工产生一种没有被公平对待的感觉。

跨国公司各国子公司的人力资源经理在工作中面临许多困难，因为在不同国家，对员工的养老金、社会保障、医疗保险和其他各种福利的管理规定存在着很大的差异。在有些国家，公司在传统上要为员工提供住房、上下班的交通条件和年终奖金，而在另一些国家又不是这样。另外在跨国公司中，不同文化对薪酬制度的选择也有不同偏好。比如美国林肯电气公司在美国成功地实行了以生产率为基础的激励性薪酬体系，包括计件工资和年终奖金等；同样，把这些移植到澳大利亚和墨西哥的子公司也取得成功；但把这些移植到欧洲时却遇到了极大阻力。所以，要注重文化特征与薪酬体系的配合。如果是在权力体系较大的社会中，薪酬体系要与公司的等级观念一致，高低收入水平之间差距应较大，否则要小一点。在个人主义倾向比较严重的社会中，薪酬体系应强调奖励个人的工作成就，而在集体主义倾向比较明显的社会中，薪酬体系的建立应以员工的资历为基础。

对于在海外投资的国际跨国公司中的员工，薪酬的外部公平性和薪酬的激励方面存在一些问题。由于员工在不同的国家工作，不同国家的物价水平有差别，派到海外的员工为了维持在本国时的生活标准，所需支付的生活费用就不同。跨国公司解决这种问题的主要方法就是在整个公司范围内执行统一的与工作性质相适应的基本工资，然后根据员工所在国家或地区的具体情况，用各种专项补贴来实现薪酬的公平性。与在本国国内的公司相比，跨国公司派到海外的员工的薪酬的公平性在实现上会涉及特殊的国别问题。解决这一问题的方法是国际经济中的购买力平等化法，即派出员工的薪酬水平至少应该能使他在东道国保持与在本国时相同的住房条件、商品和服务消费水平及储蓄水平。如果出现缺口，则由公司来弥补。而且，多数跨国公司对外派人员还实行海外服务奖金或津贴制度。

跨国公司对海外管理人员确定正确的工资待遇政策，不但可以吸引全球各地的优秀人才，而且对企业现有职员起到行为导向的功能，还对提高工作质量和工作效率、降低经营成本起到重要作用。

（2）海外任职人员的报酬。

海外任职人员的报酬结构。海外任职人员的报酬与国内职员的报酬相比，无论从形式到内容都要复杂一些，计算标准和计算方式也有差别。报酬可分为以下几个方面：

第一，底薪。底薪即与雇员所任职务相联系的基本报酬。通常它是确定奖励薪金、津贴及其他报酬的基础。确定底薪有两种方法：一种是采用本国标准，即与雇员来源国同类职务的薪金水平相联系，依他们的国籍不同而完全不一致，因而产生不公平的问题。另一种是在本公司系统内与各级职务的薪金水平相联系，同级同酬。这种做法虽较好地实现了公正，但当跨国公司活动的各国的经济发展水平差距较大时，又带来了与当地工资水平悬殊的矛盾，因此需要靠奖金和津贴等补充形式作一定幅度的调整。

第二，津贴。津贴是对员工在海外工作支付的补助，通常包括以下项目：生活费用津贴，住房津贴，子女教育津贴，税负调节津贴，搬迁和调适津贴，艰苦条件特种津贴。生活费用津贴，用于弥补东道国基本生活费用与本国的差额，即商品与服务差价。住房津贴，用于保证派出人员获得必要的住房条件，至少不低于在母国的水平。子女教育津贴，用于解决国外工作人员的子女在东道国上学的额外学费开支。税负调节津贴，用于避免在母国和东道国双重课税。

第三，奖金。海外任职人员获得的奖金通常有两类：一类是与业绩相联系的奖金；另一类是不与业绩联系，只与底薪联系的奖金。奖金包括以下几项：海外工作奖、满期工作奖、探亲奖等。发放流动工作奖，目的是鼓励管理人员在各国外子公司间流动。跨国公司通常采用两种奖金支付方法达到这一目的。一种方法是一次性支付的"流动奖金"，即把奖金与人员流动而不是与国外的工作联系起来。管理人员只有在流动时，才能获得奖金。另一种方法是"递减奖金"，即管理人员到一个国家后获得的奖金水平，随在同一国家任职时间的延长而逐年减少，一般在五年左右奖金取消。发放满期工作奖，目的是鼓励他们在整个合同期间都在海外工作，通常在合同工作期满时发放。这种奖励适合于建筑业以及那些在特定时间或特定工程中需要员工始终坚持在国外工作的行业，还适合于国外艰苦的工作场合。

（3）海外任职人员报酬的支付。

与企业对国内职员报酬的支付相比，企业对驻外任职人员报酬的支付要复杂一些，其复杂性主要体现在币种的选择和各币种支付的比例。

第一，币种的选择。派驻海外任职人员的货币报酬，除了报酬的结构、内容和标准之外，币种的选择也直接影响到其实际收入水平。通常在币种的选择上应考虑三个因素：一是货币比价。选择币值坚挺的货币计酬对海外任职人员有利。二是东道国的外汇管制。若驻外人员是到一个实行外汇管制的国家任职，则由于在该国外汇不能自由地汇出而给他们自由支配薪酬带来困难。三是东道国的个人收入所得税政策。有些东道国规定只对外籍人员从当地取得的收入征纳个人收入的所得税，而有些国家则基本上不征收个人所得税。

第二，综合性的支付方式。这是一种最常见的支付方式，就是将海外任职人员的报酬按一定比例用两种或两种以上货币分别支付，以减少汇率波动导致的收入损失，也避开在征税和外汇管制方面的不利影响。许多跨国公司把海外任职人员的报酬分为两部分：一部分以东道国货币支付，其数额大致等于雇员原来在母国国内用于消费的收入加上其他各项津贴和雇员在东道国应交纳的税款；另一部分以母国货币支付，借记在指定的账户上代雇员储蓄起来，这部分通常是按底薪的一定比例计算。

（4）非货币形式的报酬。

除货币形式的报酬外，各种非货币形式的报酬在鼓励有才干的雇员到海外任职，影响他们的行为、决策方面也有十分重要的作用。主要包括以下几个方面：第一，职务提升以及令人羡慕的工作岗位的同级调动；第二，获得事业机会；第三，上级的器重与认可；第四，顾客或下属的肯定评价与尊重；第五，有学习新知识、技术及培养新能力的机会；第六，有出色地完成艰巨工作任务的自我心理满足感等。

（四）跨国公司的海外遣返

跨国公司外派经理的海外遣返问题是国际企业人力资源管理的一个特有内容。与遣返相关的问题基本上是两方面的：事业发展的机会和返回后的重新分配。虽然公司对如何有利于适应外国环境做出了努力，但遣返后公司大多很少做什么事情，原因是他们认为重新回到本国并且从事国内业务将很少有什么问题。不幸的是，情况并不总是这样的。离开几年以后的重新归来过程可能会使遣返人员受到伤害。研究表明，回到本国如果预期的升迁没有实现，可能使经理人员感到特别痛苦。此外，当遣返者发现他不能立即使用在国外得到的经验和技能时就有一种挫折感。所以，如果外派经理遣返后不能得到妥当的安置与发展，会影响海外派遣的积极性和有效性。

公司可采用许多措施来解决归国问题。这些措施包括：

第一,为归国人员提供战略目标。利用外派人员的经验推进组织的目标,外派人员通常是公司计划利用的信息和经验的优秀来源。

第二,建立帮助外派人员的小组。人力资源管理部门和外派人员的上级可帮助外派人员规划回国事宜。

第三,提供母国的信息。许多公司安排顾问或主办者专门负责向外派人员通报公司当前的变化,包括工作机会。

第四,为归国提供培训和做好准备工作。这种准备可在归国前六个月开始,为下一项任职所做的回国访问和特定培训可缓解转变的难度。

第五,为外派人员及其家庭的重新融入提供支持。为了缓和归国初期的困难,公司可帮助寻找住房,提供调整时间;如有必要,还可以调整报酬水平。

第二节 人力资源管理外包的实践

随着企业组织重构、流程再造等重大变革的推进,企业人力资源管理活动的方式也在发生深刻的变化。人力资源外包就是这个变化过程的结果之一。

一、人力资源外包的含义、原因及作用

(一)人力资源外包的含义

人力资源外包是指将原来由企业内部人力资源部承担的工作职能,包括人员招聘、工资发放、薪酬方案设计、保险福利管理、员工培训与开发等,通过招标的方式,签约付费委托给专业从事相关服务的外包服务商的做法。

从广义上说,任何以购买或付费的方式将企业内部人力资源活动交由企业外部机构或人员完成的做法,都可以视为人力资源外包。但是,这种外包方式并不总是正规的。正式的人力资源外包过程应当包含以下要素:①外包提出方有外包项目需求说明;②外包承接方有外包项目计划书;③外包双方经协商达成正式协议或合同;④外包承接方根据协议或合同规定的绩效标准和工作方式完成所承接的活动,外包提出方按照协议或合同规定的收费标准和方式付费;⑤外包双方中的任何一方违反协议或合同规定,外包关系即行终止;外包提出方如果对外包承接方的服务不满意并有相应事实证明,可以提出中止外包关系。外包承接方即外包服务商,是按照外包双方签订的协议和项目计划书为外包方提供相应服务的机构或组织,其主要包括大型会计师事务所,管理咨询顾问公司、人力资源服务机

构、高级管理人才寻访机构等。目前它们通常提供单项人力资源职能服务，也有少数服务商提供全套人力资源职能服务。

（二）人力资源外包的原因

促使企业采取人力资源外包的原因很多，以下我们对人力资源外包的最主要原因进行一些分析。

1. 成本的压力

成本与效益，是企业生存和发展过程中须臾不能忽视的两个关注点。在日趋激烈的竞争面前，在经历了各种与组织重构、企业并购有关的变革之后，企业的成本压力更加沉重。正常运营的企业要紧缩开支，高速成长的企业也要控制成本，而那些经营不景气的企业，更面对着难以置信的降低成本的压力。人力资源职能历来被视为重大的成本中心。在企业精简裁员、组织重构的风潮中，其必然成为降低成本的焦点。虽然很多专家告诫说，不要为节省成本而进行人力资源外包，但是，实际上，来自成本的压力还是成为大多数企业将人力资源外包的第一原因。由于人力资源专业服务机构能够同时为多家客户提供相同的服务，所产生的规模效益能在一定程度上降低单个客户支付的成本。因此，人力资源活动外包成为正在努力寻求摆脱巨大成本压力的企业的必然选择。

2. 对专家服务的需求

组织与人员精简是过去十年来一直支配着人力资源活动的一个主导思想，也是人力资源职能活动所面对的一个严酷的现实。在人力资源领域，40岁到50岁的富有经验的人力资源专家，由于薪资较高而成为诱人的成本削减目标，他们中的不少人被裁减或办理提前退休，这必然导致有关企业的人力资源专业知识的流失。与此同时，企业对人力资源服务的要求并没有因组织与人员精简而减少，相反是增加了。在这种情况下，为了做到在保持人员精干的同时适应企业人力资源活动的需要，很多企业对人力资源活动重新进行分析，将那些非必须由企业内部完成的人力资源活动，以及本企业不具备核心能力的活动外包出去，而只保留"必须花时间并且擅长做的事情"。专业服务机构往往能够更广泛地整合专业人才资源，聚集富有专业经验的专业人员，而这在一般企业，尤其是中小型企业，几乎是无法做到的。因此，专业服务机构通常能提供专业水平和工作效率更高的服务。

3. 人力资源信息技术的影响

随着信息技术的快速发展，人力资源信息技术也在不断创新，人力资源管理信息化浪潮正在席卷整个西方企业。许多人力资源服务商都安装了大型人力资源信息管理系统（HRIS）。这种系统能大大简化人力资源服务的事务性工作，提高人力资源活动效率，是重构人力资源工作岗位、工作流程以及整个人力资源部门的推动力量之一。但是，对于单个企业来说，配置人力资源信息系统不仅有成本上的困难，而且在信息系统的管理和维护方面也面临着资源不足的问题。人力资源外包为企业提供了无须购置便能得到这种技术的途径。为获得技术能力而进行人力资源外包是一种工作需要，而且，提升HRIS有某种重要的战略意义。例如，在向新的人力资源信息平台转换的过程中，人力资源部必须重新考虑和设计本部门乃至企业的工作流程。从另一种角度看，人力资源外包提供了另一种获取人力资源信息技术利益的方式，特别是在强调成本控制的组织文化下更是如此。

4. 人力资源职能部门再造

长期以来，人力资源职能主要纠缠于事务性活动，无法发挥战略作用，虽然人事部换招牌为人力资源部的初衷在于改变角色，聚焦于为企业的发展战略服务。为了改变这种状况，必须彻底改造人力资源部门的结构、流程以及资源配置方式。重新定义的人力资源角色为：变革的推动者，业务部门的合作伙伴，员工关系的维护者。为企业战略变革实施提供行动方案并组织落实，深入到各个业务单位去提供人力资源咨询和支持，领导企业文化重建等，成为人力资源职能部门的核心职能。在这种情况下，许多企业力图通过外包的方式将人力资源部从繁杂的事务中解脱出来，帮助其担当起新的角色。

（三）人力资源外包的作用

人力资源外包在相对长期保持有效的情况下，能够转化为企业的一种竞争优势。由于人力资源活动具有日常性、连续性、一致性特点，短期的人力资源外包项目虽然能满足企业一时的需要，暂时解决企业专业人员不够或专业能力不足的问题，但也会带来变动频繁、连续性或一致性不足、降低项目结束后同类工作成本效益的问题。而比较长期的人力资源外包项目如果能够有效进行的话，企业就可以比较放心地重构人力资源部门结构，减少人力资源职能人员，因此通常能够将降低成本、高效率、高质量的人力资源服务转化为企业的一种竞争优势。同时，改造后的人力资源部可以利用外包所提供的时间资源，更多、更实在地关注对企业成功具有直接贡献的领域。人力资源职能人员的专业知识和专业能力也会因此得到重新组合和再开发，从而进一步提高人力资源活动的效益。

另一方面，在外包过程中，由于服务商承担了企业人力资源活动的某些风险和不确定性，比如，遵守劳动法规和政府规章以及技术手段变化方面的风险或难以预料的情况，能在一定程度上降低企业人力资源活动的风险和损失。这对于生存在人力资源管理高度法制化和信息技术高度发达环境下的西方国家的企业来说，非常具有现实的意义。实际上，面对人力资源管理领域的迅速发展变化，不少企业感到难以承受但又不得不去适应。因此，它们往往将人力资源外包作为"组成抵御风险托拉斯"的一个途径。

二、人力资源外包内容与方式的选择

（一）人力资源外包内容的选择

利益永远与风险结伴而行。显然，人力资源外包也存在着风险和缺点。选择适合外包的人力资源活动进行外包，可以减少这种风险和不足。

根据国外许多企业的实践，证明以下这些人力资源活动适合于外包：

薪酬管理方面，如职位说明书编写、职位评价、薪资调查、薪资方案设计、对管理人员做薪资方案培训、薪资发放等。

人力资源信息系统方面，如建立计算机系统和维护技术性人力资源信息系统等。

国际外派人员管理方面，如制作委派成本预算、委派信和有关文件资料，外派人员的薪酬和福利管理，对外派人员及其家属进行岗前引导培训等。

组织发展方面，如管理人员继任计划设计、向外安置人员、新员工岗前引导培训等。

遵守劳动法规方面，如向政府有关部门提供各种与雇佣及社会保障相关的数据和报告等。

人员配置方面，如寻找求职者信息，发布招聘广告，进行招聘面试、预筛选、测试、求职者背景审查及推荐人调查，开展雇员租赁等。

培训方面，如技能训练、基层管理人员培训、管理人员培训、安全培训、团队建设训练、计算机培训等。

而以下人力资源活动则更适合于在企业内部进行：

员工关系管理方面，如员工管理指导，仲裁与解决争端，劳动合同谈判（可以与律师一起进行），人员精简，沟通企业人力资源战略、政策和计划，员工职业发展管理，工作绩效评价等。

人事管理方面，如人事记录保管，雇员日常状态变化管理以及非技术性人力资源信息系统维护，现场人事档案管理等。

人力资源规划方面，如制订人员增长和扩展计划、制订人员精简计划、制订组织发展计划等。

（二）人力资源外包方式的选择

1. 全面人力资源职能外包

全面外包是指将企业的绝大部分人力资源职能包给服务商去完成的外包方式。这种方式对于中型和大型企业来说，可能会有问题。因为它们的人力资源活动不仅规模大，而且复杂程度高，在全面外包的情况下，要求服务商有很全面的系统管理能力，同时企业内部员工的沟通、协调工作量会很大。虽然全面人力资源外包可能是一个发展方向，但鉴于服务商的能力和企业对外包活动的控制力还在发育中，因此，中型和大型企业实行全面人力资源外包还有待时日。而对于小型企业来说，全面外包人力资源职能则比较容易，因为它们的人力资源职能相对简单。事实上，目前实行全面人力资源外包的主要是小型企业。

2. 部分人力资源职能外包

这是目前最普遍采用的方式。企业根据自己的实际需要，将特定人力资源活动（如人员配置、薪资发放、福利管理等）外包出去，同时在企业内部保留一些人力资源职能。如果选择得当，能获得更好的成本效益。

3. 人力资源职能人员外包

人力资源职能人员外包是指企业保留所有人力资源职能，但让一个外部服务商来提供维持企业内部人力资源职能运作的人员。这基本上是一种员工租赁方法。采用这类方法的企业常常要求外部服务商雇用他们现有的人力资源工作人员。

4. 分时外包

有些企业分时间段利用外部服务商。在这种情形下，由企业计划系统和设备的使用时间，由服务商提供技术人员，集中处理企业人力资源事务。这种做法看来比较经济，关键是要做好资源分配计划。

三、人力资源外包的步骤

人力资源外包不是一个简单的"包出去"工程。在人力资源外包决策和实施过程中，企业要考虑一系列战略问题，采取有效手段，保证合理决策和正确执行。

（一）成立决策机构

成功的人力资源职能外包方案始于清晰的短期和长期目的和目标。为了保证决策的正确性，企业应当委任一个由来自企业内部不同职能部门（如人力资源、财务、税务或法律）的4~5人组成的人力资源外包工作委员会，负责审议所有的外包决定。由高级人力资源经理担任该委员会主席，负责主持有关外包问题的研究，寻找有关信息、资料，起草外包项目计划书要求等。该委员会应当研究本企业的整个业务、个性及文化，确定外包方案如何适合于这种个性和文化。

在确定了目前以及预期服务需求及人员能力的基础上，企业能够确定哪些人力资源职能适于外包，从而做出"是买还是自己做"的决策。

（二）进行成本效益分析

在做人力资源职能外包决策的时候，企业会非常关注外包的成本以及可能的投资回报，期望有完整的成本—效益分析，因为企业最关心的总是利润，在人力资源外包问题上，最关心的总是提高人力资源效益，降低管理成本。在人力资源活动外包方面，比较常见的一种成本效益衡量方式是，核算现有工作人员完成某特定活动的成本（包括薪资、福利、办公空间、电话及计算机设备及其使用等），再将此成本与该活动外包的成本进行比较。

但是，这种分析可能是很不准确的。例如，通过外包腾出了办公空间、设备和物品。但是，如果不能立即卖掉或转租出去的话，企业就可能看不到即时的成本节省。而且，成本只是一个因素，还有很多需要考虑的问题。企业必须考虑员工和管理人员对以外包方式完成此项工作的满意度、现有职能人员的能力发展、企业技术现状等。人力资源外包决策者必须考虑，究竟什么会带来最高的回报率和最小的组织混乱。

总之，关于外包的成本效益分析方法还需探讨。大体上看，外包传统的人力资源职能，如福利、培训或人员配置，使企业有机会精简这些职能工作。在大多数情况下，会减少运营成本，免于为自购设备及其长期维护付出高昂的资金费用。随着在外包活动方面经验的积累，企业对人力资源外包成本效益的判断和分析也会日臻准确。

（三）进行研究和规划

透彻地研究拟外包的人力资源职能领域非常重要，因为每个领域都有其特有的一系列机遇和风险。企业要研究的三个重要因素是：企业内部能力、外部服务商的可获得性，以及成本效益分析。在着手实施外包之前，要仔细调查潜在的服务商市场，认清外包不是一种产品甚至也不是一种流程。企业的任何人力资源活动的任何问题都不会只因将那些事情委托给第三方就消失了。在提供服务的过程中，服务商的问题就是企业自己的问题，反之亦然。外包是一种合伙关系，它要求发包与承包双方保持沟通和配合。因此，从产生外包念头开始，直到整个外包项目实施过程的各个环节，企业都应当进行深入的研究和完善的规划。

接下来，企业可以确定外包计划各阶段的时间表。这种时间表为企业设定了一个时间线路，引导人力资源外包工作到达启动目标。它也可以随着企业计划的变化而修改。为了保证外包职能的顺利交接,所有参与制定和执行这个时间计划的人都应当提供意见。

(四)寻找可能的服务商

最好是请熟悉的或过去曾经有效利用过的服务商提出计划书。企业如果从未用过服务商,可以与其他一些最近正在做人力资源职能外包的人力资源专业人员聊聊,以获取他们的服务商名单和信息。

无论决定与哪一家服务商洽谈,都得在查询至少三个证明人之后再采取进一步行动。一种有效的做法是联系至少三至四家服务商,以便充分了解他们的价钱以及能够提供的每一类服务。企业不要要求提供太多的计划书,因为那样得花很多时间去审阅所得到的所有资料。

(五)起草项目计划书要求

起草项目计划书要求的过程很重要,也很难而且需要花很多时间。关键要素是要确定必须询问的最重要问题,以便获得必要的信息,对每个服务商的经验、可信度及其以往成就做出有充分根据的判断。在这方面如果做出草率决定可能会造成巨大的时间和金钱损失。

进行服务商分析和选择

当得到所联系的服务商对项目计划书要求的回复之后,就可以开始进行挑选剔除,最后将注意力集中到两三家提供了最符合企业要求的信息的服务商身上,逐一进行评估。进行服务商分析是一件细致而艰难的事情,但这种分析对于整个外包项目的成功却至关重要。如果是在做出了外包决定、选定了服务商、启动了项目之后,发现该项目的某方面不合适,那就得再花时间和金钱去弥补。那样,工作进展就会延缓,而且还要花时间去保证外包出去的职能活动正常进行,会导致更大的工作量和工作难度。外包工作委员会可以对每项将外包的人力资源活动确定至少10~15个标准,包括定性和定量的因素,权衡每个因素并形成一个序列清单,用作评价服务商的指标体系。

(七)协商签订一份完善的合同

外包工作委员会应派最佳谈判代表去主持谈判。同时,谈判要采用最适合本企业的方式进行,一定不要在没有专家参与的情况下进入谈判。一个好的谈判代表不必在每个要点上都占上风。合同对于签约双方来说必须是一种双赢的结果。在努力达成最佳交易的过程中每一方都必须慎重,因为这将是一种不断发展的合作伙伴关系,合作双方都希望有良好的开端。

这种合同的重要内容之一是费用构成。因此，必须着重琢磨和审查合同的时间长短。在合同执行过程中是否有什么费用增加？如果有，在何时增加、增加多少，最重要的是，将如何决定这些增加？而且，还要弄清隐含的费用。

在正式签署前，必须请有经验的律师对合同的所有条款进行最后一次审查。

（八）与公司全体人员，尤其是人力资源职能人员沟通

沟通是使外包项目取得成功的至关重要的因素之一。在开始设计外包方案的时候，内部人力资源职能人员知道企业在考虑将某些人力资源职能外包出去的问题，他们自然会为自己的工作而担心。从这时起就要开始沟通。因为如果只打算将某些职能外包出去，同时还要保留其他职能的话，企业还需要保持相当部分的现有人力资源职能人员。

另一方面，由于人力资源活动往往会涉及公司全体员工，因此，外包的成功需要全体员工的理解和配合。尽早让员工了解有关外包信息，尤其是与他们切身利益紧密相关的服务方式、标准等的变化，非常重要。在外包工作时间表上应当明确各个必要的沟通时点，在这些时点上，企业有关负责人要与人力资源职能人员以及公司全体员工沟通。同时，还必须设计沟通的方法，如面对面的沟通、书面的沟通、全体大会等，都是有效的沟通方式，要根据沟通的对象特点、内容特点，确定沟通的方式、范围等。在必要时，应要求服务商一起进行沟通。

（九）维护合同执行过程中的合作关系

在与一个服务商进行讨论的初期，企业要得到代表该服务商开展工作的人员的名单及简历和证明材料，并让公司内部人力资源职能人员及其他相关人员与之接触。还要通过定期安排会议和确立保持沟通的原则，与服务商的代表建立一种积极的关系。为了使人力资源职能外包项目取得成功，在整个合同执行期间，外包双方都必须花时间去建立和维护良好的关系。

（十）监控服务商的工作绩效

外包合同应当确定所期望的特定绩效标准和服务水准。这种标准应详细说明需要提供什么服务、由谁提供、在何处提供以及谁作为提供者代表；还要确定企业将如何监控和评价每个人力资源职能领域的服务质量。

监控服务的方式之一是建立一种双方同意的定期报告制度。此外，还可以确立对不合格绩效的处罚手段。

四、外包合作关系的建立与维护

选择合适的服务商和维护外包双方的合作关系，是人力资源外包取得成功的最关键因素。在这方面，企业需要借助一些工具和手段，才能保证结果的有效性。

（一）项目计划书要求

项目计划要求是企业提交给服务商的一种正式函件，内容主要包括所有需要服务商回答的问题和提交资料、证明的要求。项目计划书要求是企业让潜在的外包合作对象充分了解自己的需求的手段，它在很大程度上能够决定投标服务商的范围，以及进行服务商筛选和分析的工作量，因此，起草项目计划书要求的过程受到高度重视，并且形成了一些原则和技巧。

第一，项目计划书要求应当由熟悉和理解人力资源外包过程以及打算外包的职能的人来起草。否则，难以准确表达真正的要求。

第二，所提出的问题和要求提供的信息应当是与所要外包的职能相关的，并且要求非常明确具体。

第三，项目计划书要求应当包括以下要点：①介绍。介绍本企业的背景、所在行业、雇员数量、地点等。②要求与期望。说明打算外包的人力资源活动的类型，例如薪资发放或人员配置。③对服务商的基本条件要求，即要求提供有关服务商的详细信息。④人员信息。要求服务商提供被指定作为服务商代表的人员的信息：指派他们的原因、他们本人的背景、证明材料以及服务绩效。⑤沟通能力信息。要求服务商说明所具备的沟通能力，就拟议召开的雇员教育会提出问题。⑥技术要求。要求服务商说明所具备的计算机、信息、网络技术能力。⑦转换与执行。要求服务商说明人力资源职能外包启动初期的过渡转换如何得以实现。⑧咨询服务。询问将提供什么类型的咨询建议以及计划或方案设计帮助。⑨提交报告。询问将提供什么定期报告。⑩有关财务细节。询问收费标准，索要一份服务商的服务合同样本。⑪客户信息。要求服务商提供至少三个可用于参考的客户企业的名称、电话号码及联系人。⑫服务商筛选工作时间表。说明服务商提交项目计划书及回复项目计划书要求函的截止时间，与人选服务商面谈的时间，以及最终宣布选拔结果的时间。

（二）关于成本报价的协议

在评估服务商所提供的反馈时，企业要对每个服务商所提出的成本报价进行审定。各个服务商所提供的成本报价可能会有很大差异，因此，根据成本报价去进行挑选是很困难的。企业应当将此交由财务、信息系统、会计以及人力资源等方面的专家组成的外包工作委员会去审议，尤其是要确定各种隐含成本。然后，将各家服务商的详细报价列在一张表上进行比较，找出真正的报价差异。

报价总是有谈判空间的。投标过程中所有服务商的报价都会高于他们为得到外包项目而最终接受的成交价。一旦成为最后一轮筛选的对象，服务商的竞争会进一步集中在价格上，这时候进行价格谈判往往能收到更好的效果。

（三）关于工作成效与收费的协议

降低价格、节省成本并不是人力资源外包活动的宗旨，成功的人力资源外包活动所追求的主要是预期的绩效。因此，对服务商的绩效提出明确的要求并确保实现，是最重要的。实行人力资源活动外包的企业必须用一种正规的手段对服务商的工作成效和收费进行监控，以确保服务质量。服务商大都为许多客户进行同类的服务，因此，他们的工作成效没有很多风险或不确定性。他们知道如何做这些事，也知道客户的期望是什么。但是，在外包协议或合同中，还是必须要详细地说明企业付这个价钱想要得到什么，以及企业会怎样监督服务商的工作成效。

在比较长期的外包项目上，服务商通常希望协议或合同中有个条款说明提高收费的时间和方式。处理这个问题要考虑双方的利益，一种常见的并对双方都有利的商议提高收费问题的方式是，将收费的提高与一定时期（比如两三年）的消费物价指数（CPI）联系起来。如果公司与服务商都没有某种监控成本和服务商收费的措施的话，那么双方都可能有风险。在协议或合同中，企业应当详细说明将如何处理成本扩大的问题，以及要遵循什么程序。企业还应当要求服务商保证起码两年不提高服务收费标准。因为有些服务商会出一个低报价以便揽到项目，然后很快就提出要大大提高收费标准。

（四）有关质量标准的协议

与任何一种相互关系一样，在人力资源外包合作过程中，沟通不善也可能导致灾难性的结果。要保证服务商提供高标准和卓有成效的服务，企业就必须与其进行全面透彻、持续不断的沟通。在仔细评估服务商的答复时，企业要弄清服务商是否准确地了解企业所提出的质量要求，并且清楚自己是否准确地理解服务商所讲的内容。在最初接触的时候，双方都应要求对方提供其所使用的关键术语的明确定义，还应就工作成效标准进行反复讨论直至双方完全确认理解一致。因为企业或服务商任何一方如果对工作成效标准有不明确和不理解的问题，都可能导致要对合同条款和条件（也许还包括收费）重新做解释。这种重新解释几乎总是会使企业的成本增加。

（五）管理和维护服务商关系

完成了审议并最后选定了一家服务商之后，企业应当挑选任用一位服务商关系经理，负责与服务商联系和协调。这个经理最好由外包工作委员会的成员或人力资源职能人员担任。无论谁当这个关系经理，都应当从建立一种合作伙伴关系入手。

在与服务商建立关系的过程中，企业应当经常举行会议，与服务商代表共同讨论项目执行层面的问题，阐明外包工作的各种细节问题。通过这种沟通和讨论，外包双方应当完全明白各自应承担的具体职责。

企业应当明确，在必须具有连续性的人力资源活动领域一定要与服务商发展长期关系，因为要对这种必须具有连续性的人力资源活动实行外包，要求服务商对客户企业的文化有深刻的了解和高度的尊重，否则外包可能带来严重的后果。例如，在高级人才寻访活动方面，如果存在长期关系并且与人才寻访公司签约避免利益冲突，那么人才寻访公司可能就愿意提供某些猎取来的人才，并且真正做到不披露双方合作的核心信息。

当然，建立长期服务商关系并不是说不做新的选择。在人力资源活动外包方面，任何时候也不应当有无限期合同。企业应当选择以合理的价格提供合适服务的服务商。即使对需要保持长期关系的人力资源活动，企业也应当考虑周期性的，比如，每三年进行一次外包竞标活动。

（六）对服务商工作绩效的监控与评价

外包项目从一开始就应建立绩效衡量标准，并同时说明工作绩效评价方式和报告程序。企业应当坚持要求服务商诚实报告、经常报告，出现问题及时通知。对服务商的绩效评价标准应当是明确、具体、可衡量的。例如，在人员配置方面，服务商工作绩效评价标准可以是：每雇用一人的成本、人员流动率等。通过绩效标准可以提高服务商的工作绩效。企业出于得到更好服务的动机实行人力资源职能外包，因此，要坚持对服务商的工作成果进行严格管理和评价，在评价时可利用内部客户调查来进行，充分重视员工的反馈。服务商只有在提供了合同所约定质量标准的服务之后才能得到报酬。

第三节　互联网时代的人力资源管理

一、互联网时代人力资源的概述

互联网时代，企业内部的人力资源管理工作具有信息化的特点，这也是目前社会中的新型人力资源管理模式，就具体情况来看，该模式主要立足于人力资源管理这一基础上，并借助数据库软件对企业原有的人力资源管理的具体业务内容及流程进行科学改进，以此达到低成本、高效率的人力资源管理目的，并且能够促使企业全体工作人员，积极主动地参与到该管理工作中，借此提高人力资源在企业发展战略中的地位，这样则能够形成一种开放的人力资源管理模式另外，在互联网信息技术的支持下，相关企业若是开展信息化的人力资源管理工作，则能够推动企业可持续发展战略目标的完成进度，而且还能够改变企业自身的管理理念，进一步提高人力资源管理水平，使得该工作的效率与质量得以提升，同时也能够减少资金的投入，使得企业的无形资产得到科学有效的整合。目前，在竞争激烈的经济市场中，人才作为竞争要素之一，其在企业中若是能够得到充分的利用及科学的管理，则能够帮助企业提升自身的核心竞争力，进而促进企业的长远发展。此外，在对人力资源信息进行整合时，相关企业内部工作人员的忠诚度及满意度在不断提升，这在较大程度上满足了企业内部员工的实际发展需求，帮助企业实现了内外部的信息共享，为企业的经营管理提供了较大的保障。

二、互联网时代对人力资源管理的影响

（一）人力资源管理要求变高

随着时间的推移，互联网信息技术发展得越来越成熟，其应用范围也逐渐扩大，立足于互联网技术基础上，产生的多种经济贸易也在不断发展，使得经济全球化的进程得以推进。在这一过程中，呈现出全球化发展趋势的也不只有经济，人力资源管理逐渐发生变化。在互联网的推动下，国家之间的往来也愈发频繁，不同国家之间的界限在渐渐模糊，在这种情况下，人力资源管理就会面临更大的挑战。若是在这样的发展趋势下，开展有效的人力资源管理工作，相关企业就应该及时转变自身传统的思想观念，并对以往的人力资源管理模式及方式进行改进，引入先进的管理技术手段及理念，构建新型的人力资源管理模式，使其能够与互联网时代的发展相适应，同时也能够提高人力资源管理的有效性，将其本身所具备的实际效用充分发挥出来。

（二）为企业管理提供了新的思维

在企业的经营发展过程中，其应该对自身的经营管理思维模式进行不断创新，对于传统的管理模式予以合理改进，使其能够适应不同阶段的企业发展需求，这样才能够促进企业的长远发展。在当前的社会时代中，经济市场的竞争变得越来越激烈，人力资源则是市场竞争环境中的要素之一，相关企业若想提高自身的市场竞争力，就应该加强对人力资

源的重视以及管理，而传统管理模式已经无法满足现代企业人力资源管理的实际需求。所以，相关企业就需要引进先进的人力资源管理模式。若是将互联网技术应用到人力资源管理中，则能够改善企业传统的管理思维，使其产生新的管理思路，与此同时，还能够实现对管理模式的合理调整，进而满足当下企业人力资源管理的需求，促进人力资源管理的发展。

互联网时代人力资源管理的新思维

（一）及时转变传统的管理思维

现代企业在经营发展过程中，应该认识到人力资源管理的重要价值，并且要提高对该管理工作的重视度，同时还要意识到人力资源管理的主要工作对象就是企业内部的全体职工。而且在互联网的时代环境中，相关企业也应该对人力资源管理进行重新审视，结合当前社会时代的发展趋势，对自身传统的管理思维予以及时转变，对于传统的管理方式也要进行改进与创新，以此实现对员工的有效管控，这样也能够达到合理分配人力资源的目的，使得人力资本管理能够得到有效的落实。在这一过程中，企业内部的管理人员也要对自身的定位予以明确，同时还要转换自己在人力资源管理中的角色，加强对各级工作人员的沟通联系。对于领导与员工之间的传统关系予以调和，促使企业内部的人际关系更加和谐；帮助企业员工对自己的贡献价值有一个正确的认识，使其能够落实好自己的工作任务；对于企业与员工之间的关系也要进行深入了解分析，以防二者之间产生不可调和的矛盾与冲突，进一步保障企业长远稳定的发展。

（二）不断优化管理规划

相关企业在对人力资源进行管理时，应该对相关网络数据予以深入分析，同时还要对其进行科学处理，并且要在这一基础上，对有关管理计划予以合理拟定，以此实现对企业人力资源的科学配置。在这一过程中，一些数据信息需要通过不同机构部门，或者是与相关工作人员进行沟通才能得到，在对其进行分析前，应该保证数据信息的真实性及准确性，这样才能够为企业规划人力资源管理，提供可靠的参考依据。另外，为了提高人力资源管理计划的科学性及合理性，相关企业应该收集员工与客户在交流过程中产生的各种数据信息，以此掌握不同工作人员的信息，并且能够通过分析研究，获得更多的人力资源管理依据，进而为相关管理人员提供可靠的参考依据，实现对人力资源的有效管理与分配。

（三）建立完备的人才互动体系

在现代化的互联网环境下，相关企业若想开展有效的人力资源管理工作，则需要引进先进的技术，改善传统的人力资源管理模式，建立健全的人才互动体系，加强与人力资源之间的交流沟通，这样也便于了解人力资源的实际发展需求，及其自身的工作能力，更有利于满足人才的发展诉求，实现对人力资源的科学分配。基于此，相关企业可以引入互联网信息技术，以此建立相应的互动交流平台，由相关管理人员利用该平台，与企业内部的工作人员进行深入交流沟通，在这一过程中，管理人员则能够对不同员工的具体情况予以了解，对其本身的角色能够正确认识，也方便对不同部门的管理。另外，相关企业还可以利用现代思维，加强工作人员之间的互动交流，在互动过程中，创新出更好的管理思路，进一步促进人力资源管理水平的提升。

（四）构建健全的信息管理系统

企业也可以借助网络实现对人力资源的管理，利用信息技术构建完善的数据库，将企业内部全体员工的资料信息储存其中，而且要由专业的人员定期对其中的数据信息进行更新，通过定期的考核，对不同员工的具体情况进行全面了解，比如，工作能力、工作效果、工作态度等等。结合考核结果对不同员工的信息予以实时更新，在更新信息的过程中，也能够掌握企业不同员工的实际工作状况，了解其与当下岗位的适配性，结合实际情况，对其进行科学调动，如果人员不适应当下岗位，且工作绩效也比较低，则应该针对实际工作能力下调到其他岗位；针对工作能力比较高，且对于当前岗位的工作游刃有余，则可以考虑将其调到更高一级的工作岗位上，将该人员的潜在能力充分发挥出来，同时还要提高其薪酬待遇，这样也能够增强其对企业的认同感，保障人力资源管理效果。

（五）努力实现办公自动化

在互联网的社会时代中，企业在开展人力资源管理工作时，可以引入办公自动化这一模式，也就是应用计算机技术以及现代化的办公模式，实现对人力资源的高效管理。就具体情况来看，办公自动化需要应用到多种设备、技术，这就需要企业加大相应的投资力度，引进先进的技术及设备。另外，企业还可以借助办公自动化模式及数字化技术，对企业内部的管理组织结构进行科学优化，并对原有的人力资源管理机制进行调整，进一步提升办公效率。

其一，企业在构建办公自动化的管理模式时，应该加大宣传力度，相关人力资源部门还要开展相应的培训工作，针对全员进行办公自动化系统的应用培训，培养企业全体工作人员的办公自动化应用技能，进一步提高人力资源管理工作的效率。

其二，构建办公自动化系统，该系统本身具备连接、沟通、协同以及监管等多项作用。相关企业可以借助办公自动化系统，将内部分散的局域网以及不同部门的信息管理系统进行有效连接，这样则能够形成虚拟的办公网络，对不同部门的人力资源信息予以全面掌握，同时还能够通过办公自动化系统，与相关工作人员进行在线交流，针对具体工作问题，与有关部门进行协调，更方便进行人事调动。

其三，建立完善的管理制度。相关企业在应用办公自动化系统，对人力资源管理模式进行优化时，还应该针对这一优化措施，建立相应的管理制度，并将该制度的实际效用充分发挥，借此提高办公自动化管理的规范性。基于此，相关企业应该结合办公自动化管理的具体内容，制定出相应的责任管理机制、监督机制、考核机制等，通过相关制度规范人力资源管理工作，提高人力资源管理的有效性。

（六）有效利用大数据技术

互联网时代也被称为大数据时代，在当下的社会时代中，需要面临爆炸式的数据信息。企业在生产经营管理过程中，会产生大量的数据信息，而在开展人力资源管理工作时，更是需要面临企业内部全体在职职工的数据信息，若是使用传统的人力资源管理模式，将很难保障数据处理的效率与质量，所以，需要引进大数据技术，在人力资源管理中对大数据技术进行合理应用，实现对大量人力资源数据信息的高效处理。相关企业可以利用信息技术为员工设立专门的信息留言板，对于自己的诉求或者工作建议可以在留言板上进行记录，以此加强管理人员与员工之间的交流沟通。相关管理人员则可以充分收集员工的各项信息，明确员工在生活工作中的实际需求，针对具体情况，结合网络大数据，对薪酬待遇进行合理调整，在满足员工需求的同时，也能够避免出现人才流失的情况，提高人力资源管理效果，促进企业发展。

第四节　大数据赋能人力资源管理

现代化企业的人力资源管理工作对企业发展起到重要作用，在大数据背景下，传统人力资源管理模式改变已成必然。这就要求企业要充分应用大数据，认识在此过程中的机遇与挑战，做好步入大数据时代的准备工作，实现人力资源管理逐步趋于信息化、科学化和合理化。

一、大数据在人力资源管理中的应用价值

（一）提高管理效率

在以往企业人力资源管理工作中，通常采用人工管理的模式，但由于在此过程中所涉及工作内容较多，问题较难解决，工作人员难以对各项信息资源进行有效整合，并且容易出现数据误差，工作效率较低，无法保证管理模式具有科学性和有效性。

其一，大数据技术将人力资源管理流程变得更加清晰、系统，使得企业在招聘、管理工作中更加标准化、规范化，避免出现差错，有效降低工作时间。

其二，大数据在人力资源管理过程中会潜移默化地提高工作人员的专业技能以及计算机技术，工作人员可借助大数据的优势及时弥补管理工作中的不足。

其三，工作人员通过利用大数据技术，实现了数据收集的精确性、人力资源考核的公平性，使得企业内员工绩效考核更加标准化、透明化，提高员工满意度。同时在大数据帮助下，避免了员工考核受工作人员主观性干扰，并能够详细记录考核结果。通过大数据的广泛应用，能够最大限度上促使人力资源逐渐向信息管理发展，实现各项数据信息的共享，提高人力资源管理效率。

（二）提高经济效益

企业在开展人力资源管理工作中，会需要投入大量的资金，以保证人力资源管理工作能够顺利进行，如计算机、办公用品、软件设施等都需要进行采购。随着人力资源在企业当中的重要性愈发突出，以及相关的成本价格上升趋势，企业在人力资源管理工作中，投入的资金越来越大，使其得到良好的发展。同时，确保数据资源的精确性和完整性，从根本上降低了人力资源管理的成本，提高了企业经济效益。除此之外，在人力资源管理中通过有效应用大数据，实现了企业的人力资源管理与企业未来发展决策相匹配，进而提高企业整体管理效果，为企业发展提供支持和保障作用。

（三）创新管理机制

根据当前企业对大数据进一步应用，使得传统企业人力资源管理模式受到很大程度上的冲击，对现代化人力资源管理提供技术支持。企业只有能够认识到大数据技术其特点以及发展趋势，并将其与企业人力资源管理模式深度融合，才能够保证企业在当下市场竞争逐渐恶化的环境下牢牢占据优势地位。随着如今大多数企业已经将大数据技术应用在人力资源管理当中，实现了数据化的管理模式，促进了企业人力资源管理现代化发展，实现了管理的创新和革新。

（四）完善管理制度

在企业人力资源管理过程中，通过运用大数据技术，根据人才市场发展情况，可对市场中海量人才进行数据化的精确分析与信息处理，以及科学规范人力资源管理标准，为企业制定人力资源管理制度，开展相关活动提供理论依据。同时，企业在开展人力资源管理时，需建立起相应的大数据库，在人力资源管理人员对企业进行管理时，可借助数据库中的数据信息，为企业人员结构调整提供数据支持，强化企业人力资源管理的工作效率。除此之外，人力资源管理活动能够为企业内部其他工作提供更加全面系统的参考依据，在大数据技术的应用下，改变原有员工绩效考核标准，可将考核标准与评价结果公布在企业内部平台上，实现了企业人力资源管理的公开透明，保证企业员工群体满意度。

二、大数据在人力资源管理中的应用策略

（一）建立信息交流平台

针对大数据技术及其应用效果不强，企业应通过建立全面有效的信息化交流平台，来强化其应用效力。在此过程中，企业需根据自身发展需求，借助现代化信息技术，更新企业内部硬件设备，引进国外先进软件系统，建立起完善的信息交流平台。同时，企业可根据自身所需人才以及未来发展战略目标，对信息交流平台进行更新和维护，积极引进现有市场中人才数据，对数据进行收集整合，筛选出符合企业未来发展的社会人才，不断增强大数据的应用范围，为企业发展提供强大的技术支持。

（二）提升人员专业素质

大数据是信息时代下的产物，需要具备高知识储备的人才对其加以利用，才能发挥其应用效果。在经济全球化的当今社会，人才则是企业发展的第一力量，也是提高企业核心竞争力的关键。因此，企业在应用大数据管理过程中，需要提供管理人员的专业技能素养。

首先，企业可采取职前培训方式，在招聘人力资源管理人员后，通过培训教育方式，提高新管理人员的专业素养。

其次，要对现有管理人员进行覆盖式培训，制定完善的培训机制，邀请相关技术型人才对管理人员进行大数据应用的指导，通过员工培养提高大数据在企业中的应用能力与推广程度。

最后，企业应建立完善的人力资源管理机制，包括员工培训、员工激励、绩效考核、薪酬体系等，通过优惠补贴、政策、福利待遇等从其他地区引进专业人才，对企业现有管

理团队进行人员调整，提高人力资源部门的整体协调、专业能力和综合素养。

（三）构建数据应用体系

企业若想实现高效化的人力资源管理，就需构建出大数据应用体系，提高其应用范围与应用深度，并制定相关制度来约束企业管理人员对大数据的使用情况。同时针对目前大数据在企业人力资源管理中出现的问题，企业需要及时对其解决。应当结合自身实际管理情况以及未来发展规划等，构建出大数据应用体系，并为其应用提供全方位的保护，能够有效减少其在人力资源管理过程中的成本。除此之外，企业需不断完善大数据应用体系，并实时引进先进理论与技术，对此项体系进行优化与创新，积极借鉴其他成功运用大数据企业的宝贵经验，结合企业实际的人力资源管理情况，对体系不断调整，提高大数据的应用水平。

（四）提升员工的认知度

在企业人力资源管理过程中，若企业员工对大数据认知度较高，能清楚认识其重要性，并给予大数据在企业内应用推广一定助力时，便能够有效降低应用成本，提高应用范围。因此，企业需要开展内部宣传与培训，帮助企业内员工认识到大数据应用在人力资源管理中的优势，使得员工能逐渐接受大数据，减少大数据推广应用所面临的群众阻碍。同时，企业高层需倾听员工对大数据应用的建议，通过员工内心真实映射，邀请企业员工参与到大数据运用过程中，提升大数据的应用效果。

三、大数据在企业人力资源中的具体应用

（一）大数据与人才招聘

企业对外招聘是企业吸收人才的重要途径，对此企业需加强大数据与人才招聘之间的联系，引进先进人才管理理念，制定人才招聘标准，以保证招聘高素质高水平人才，为企业提供优质资源。

随着互联网时代发展，大数据应用在人力资源管理中，通过构建信息数据库，企业负责人才招聘部门可借助大数据库，对人才市场中的人员信息进行数据的收纳、整合、筛选，分析出人才专业技能，熟练掌握人才价值观，使得所招聘的人才符合企业未来发展需求。

（二）大数据与员工培训

企业通过定期开展员工培训，能有效帮助企业建立一支优秀的高水平队伍，使其能更

好地承担职位要求。随着人才强国战略推广，越来越多企业逐渐重视起员工培训，并针对所处职责岗位不同，建立起相应的培训课程，实现员工培训目标。

在大数据应用下，培训人员可通过互联网收集丰富的教育资源，实现多样化培训活动方式，为员工个体提供丰富理论与实践知识，全方位提高员工综合素养。如企业可通过大数据技术，建立信息交流学习平台，在平台上提供丰富的培训教育学习视频，通过线上学习与线下培训的方式，提高员工主动参与性，保证企业培训效果。在大数据的帮助下，实现了员工学习自由，突破传统地域、时间限制，员工可通过互联网络中丰富培训资源，使得自身综合素养水平不断提升。

（三）大数据与薪酬管理

在大数据技术广泛影响下，企业人力资源管理部门可借助对其充分应用，能够精确观测到企业内各个员工的工作状态以及实时场景，并利用所反馈到的信息数据对员工自身进行综合性分析。管理人员依据企业实际薪酬体系标准，来对员工当月工资进行评估计算。通过大数据技术，能够帮助企业根据自身实际发展需要，制定出一套符合企业的薪酬绩效体系，并在综合分析企业员工信息数据后，结合企业整体员工工作状况，适当调整企业薪酬绩效标准，以保证企业薪酬体系得到员工群体的认同，实现人力资源薪酬体系数据化管理，提升企业人力资源管理水平。

（四）大数据与职业规划

目前，多数企业为留住人才、提高员工专业素养，都会为员工提供职业规划发展方案，使得员工为个人发展提供借鉴，并在实际工作中向着未来发展方向前进，最终实现自身职业规划目标。以往员工职业规划，还会存在员工信息反馈不及时情况，无法保证员工处于良好的学习实践状态，难以对员工个人能力进行及时评估，导致员工个人学习方向偏差。在大数据环境下，能够对员工个人情况进行充分了解和掌握，包括员工培训、实际工作、绩效考核等环节，都会将其信息收集到数据库中，方便企业为员工今后职业规划中提供数据支持，从而制定出可行性高的职业规划方案，有效提高员工综合能力，使得能够在工作中不断提升自己。

综上所述，在大数据应用背景下，改变了企业原有的人力资源管理模式，有效促进其管理的创新与革新。对此，企业需要重视大数据的应用，并将其与人力资源紧密结合，采取多渠道手段，提高企业人力资源管理水平，推动其向信息化、现代化发展，彰显出大数据技术优势。企业通过大数据应用，不仅提升企业内员工整体素质，还能为企业吸引外来人才，保证企业长远稳定发展。

参考文献

[1] 柴睿.跨国公司人力资源管理的本土化战略研究[J].大陆桥视野，2023（03）：51-53.

[2] 柴永秀.论企业员工的培训与开发[J].工程技术研究，2017（12）：237+254.

[3] 陈红吉.企业员工职业生涯规划与管理研究[J].经贸实践，2017（14）：194.

[4] 楚赟.大数据在人力资源管理中的应用研究[J].中国市场，2023（05）：78-80.

[5] 何丽秋.探究企业员工绩效管理及改进策略[J].现代商业，2022（23）：43-45.

[6] 贺小刚，刘丽君.人力资源管理[M].上海：上海财经大学出版社，2015.

[7] 胡晓龙.人力资源管理[M].上海：上海大学出版社，2014.

[8] 华冬萍，宋典.人力资源管理[M].苏州：苏州大学出版社，2014.

[9] 黄玉芬.员工培训与开发的理论、实践和创新研究[J].佳木斯职业学院学报，2019（06）：282-284.

[10] 李佳明，钟鸣作.21世纪人力资源管理转型升级与实践创新研究[M].太原：山西经济出版社，2021.

[11] 李敏.浅析新员工录用面谈[J].中国科技投资，2013（17）：187.

[12] 李琦.企业员工培训与开发管理体系建设研究[J].技术与市场，2020，27（05）：157-158.

[13] 李妍妍.企业人力资源管理外包风险及防范措施研究[J].价值工程，2020，39（02）：32-33.

[14] 李燕萍，李锡元.人力资源管理[M].武汉：武汉大学出版社，2012.

[15] 林辰.企业员工的培训与开发[J].中国商论，2015（11）：40-42.

[16] 刘绍涛.当代跨国公司人力资源管理的特点与启示[J].企业导报，2013（10）：206.

[17] 刘莹.人力资源管理的重要性探究[J].现代企业文化，2022（16）：121-123.

[18] 刘昱芳.互联网时代人力资源管理新思维探索[J].黑龙江人力资源和社会保障，2022（08）：65-67.

[19] 马金彪.现代企业员工职业生涯规划及其路径研究[J].企业改革与管理，2021（16）：

83-84.

[20]马筱筱.企业员工绩效管理体系建设问题与措施[J].全国流通经济,2022(29):71-74.

[21]裴敏雅.如何有效开展人力资源规划[J].人力资源,2022(20):152-154.

[22]彭剑锋.人力资源管理概论(第3版)[M].上海:复旦大学出版社,2018.

[23]任盼盼.人力资源管理数字化转型:要素、模式与路径[J].产业创新研究,2022(22):172-174.

[24]阮东阳.员工职业生涯规划与管理[J].中小企业管理与科技(上旬刊),2013(08):75.

[25]宋岩,彭春凤,臧义升.人力资源管理[M].武汉:华中师范大学出版社,2020.

[26]孙进法.企业人力资源管理外包风险及防范对策研究[J].商讯,2020(21):191+193.

[27]汪玲芳.企业人力资源绩效管理在大数据背景下的创新方法探索[J].老字号品牌营销,2023(01):132-134.

[28]肖多益,韩磊.人力资源管理[M].东营:中国石油大学出版社,2016.

[29]徐松华.互联网时代人力资源管理新思维的探索[J].全国流通经济,2022(18):91-94.

[30]杨泽汀.大数据时代企业人力资源管理变革的思考[J].今日财富,2022(11):154-156.

[31]叶嵩.用好分析工具,做细人力资源规划[J].人力资源,2022(20):144-145.

[32]于辰尧.大数据人力资源管理:变革与挑战[J].人力资源,2019(22):44.

[33]张建民,陶小龙,林丽.现代人力资源管理:理论与实践[M].昆明:云南大学出版社,2010.

[34]张洋波.互联网背景下企业绩效管理发展趋势分析[J].互联网周刊,2023(01):86-88.

[35]张宇.互联网时代人力资源管理的创新发展——推荐《人力资源管理:互联网时代的视角》[J].新闻记者,2023(02):97.

[36]周劲波,程静.跨国公司在中国的人力资源管理策略研究[J].当代经济管理,2014,36(09):57-62.

[37]周启银.关于企业录用员工方式的思考[J].武汉工程职业技术学院学报,2004(03):80-81+85.